Manualidades

60 ideas originales
y sencillas para crear
con tus propias manos

Campezo, s/n - 28022 Madrid
Tel.: 913 009 100 - Fax: 913 009 118
www.susaeta.com
ediciones@susaeta.com

Manualidades

Ilustraciones de Juan Xarrié
Manualidades de Manuela Martín

susaeta

Materiales

Pelikan
730/50
Color para carteles
Couleur pour affiches
Gouache

Materiales

Índice

Rollos de cartón

Cajas de cerillas

Animales desmontables

Móviles

Índice

Servilletero

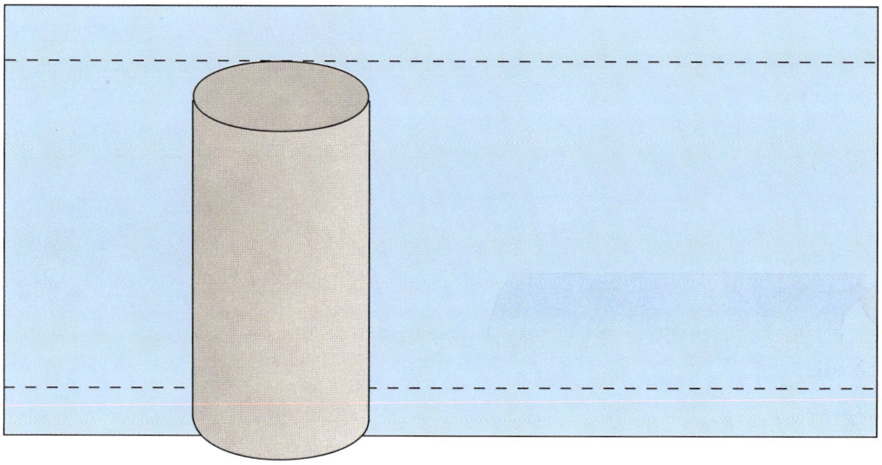

1.- Cortamos una tira de papel charol que mida 16x12 cm y luego colocamos el canuto de cartón sobre la tira a lo ancho.

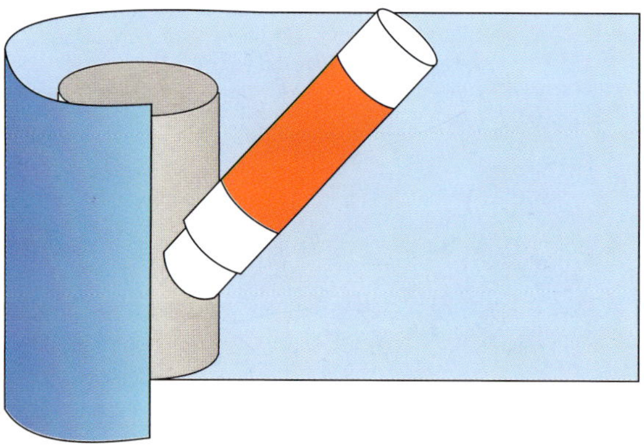

2.- Untamos de pegamento el canuto y enrollamos poco a poco el papel.

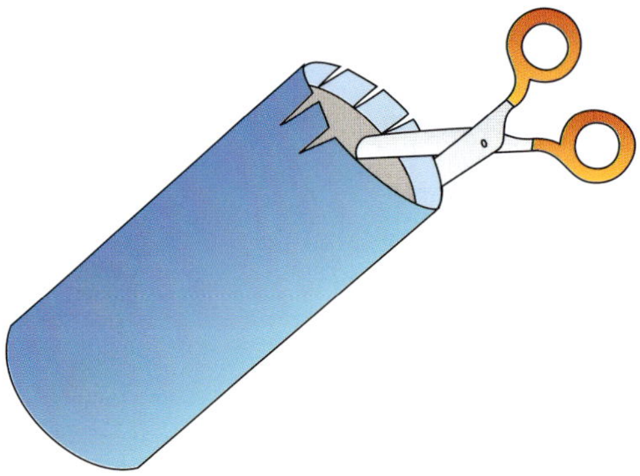

3.- En los bordes de los extremos hacemos unos pequeños cortes con la tijera.

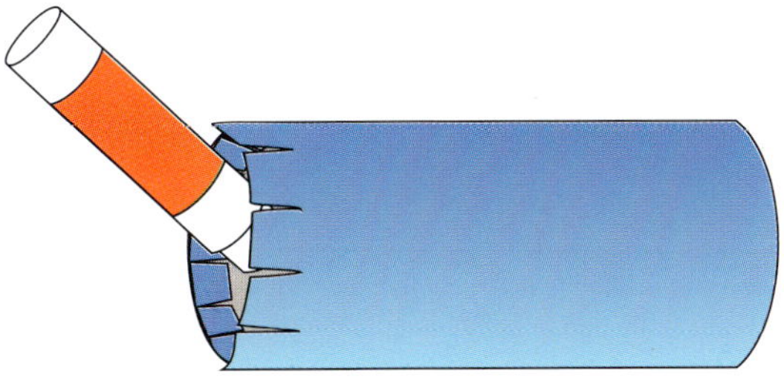

4.- Damos pegamento por dentro del canuto y doblamos las pestañas una por una.

5.- Hacemos lo mismo por el otro lado y por último pegamos las flores.

Portalápices

1.- En dos cartulinas de 18x18 cm dibujamos dos flores. El círculo se hace bordeando el canuto.

2.- Recortamos las figuras y las pegamos una sobre otra, de modo que se vean los pétalos.

3.- Forramos el canuto de cartón con papel charol haciendo unos cortes en los bordes.

4.- Terminamos pegando el canuto sobre las dos flores como se ve en el dibujo.

Molino

1.- Forramos un canuto de cartón con papel charol, como en el ejemplo anterior.

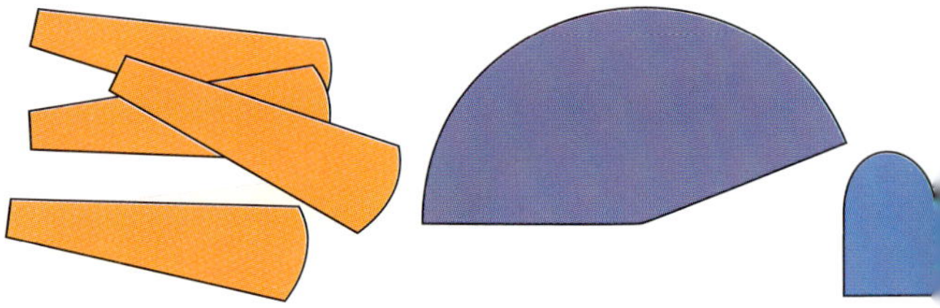

2.- En cartulinas de colores recortamos las aspas, el tejado y la puerta del molino.

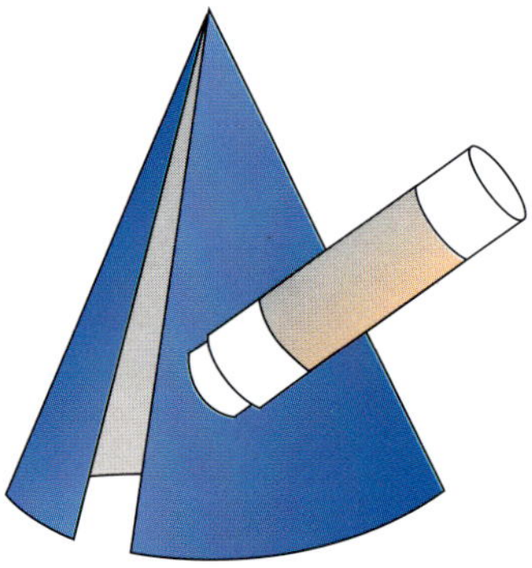

3.- Para hacer el tejado montamos un lado sobre otro y lo pegamos.

4.- Con un cuchillo cortamos en un tapón de corcho tres discos, como ves aquí.

5.- Sobre uno de los discos de corcho pegamos las aspas en forma de cruz.

6.- Clavamos el 2º corcho encima, y atravesamos el cartón, por dentro clavamos el último corcho.

Ciempiés

1.- La cara se hace con un círculo que trazaremos bordeando el canuto de cartón.

2.- Sobre el canuto de cartón pegamos la cara como muestra el dibujo.

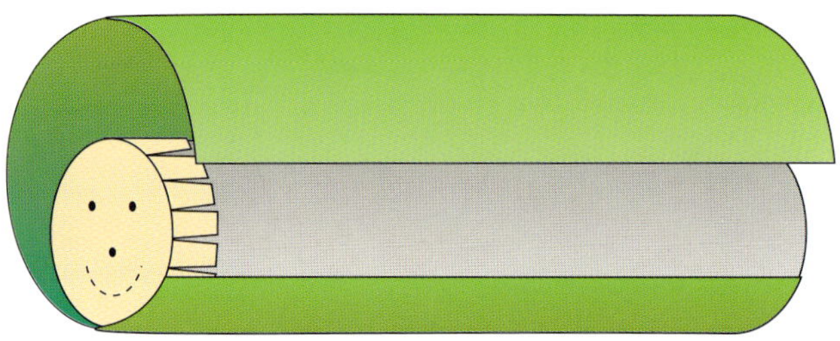

3.- Cortamos la cartulina del mismo largo del rollo y luego la pegamos forrándolo.

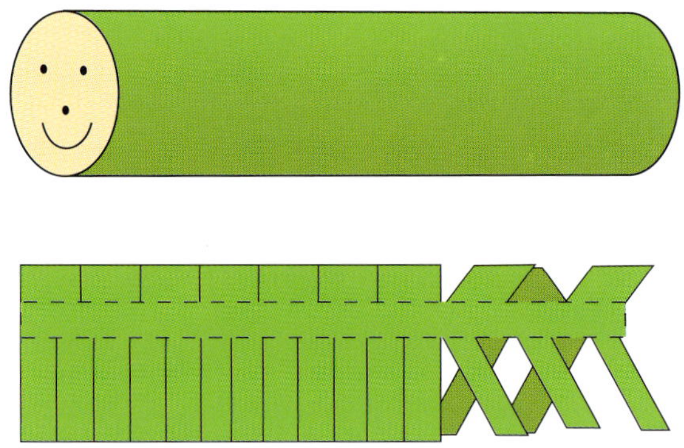

4.- Cortamos una tira del largo del rollo y de 5 cm de ancha. Damos unos cortes según el dibujo.

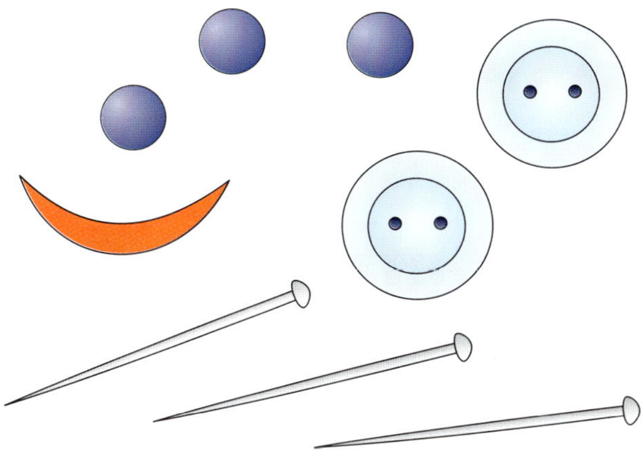

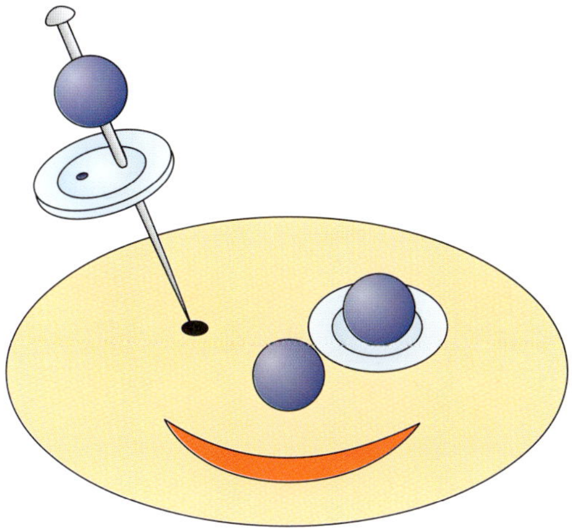

5.- Con dos botones, tres bolas, tres alfileres y la boca de cartulina completaremos la cara.

6.- Cuando está todo bien pegado, se colocan los ojos, la boca y la nariz.

Torre

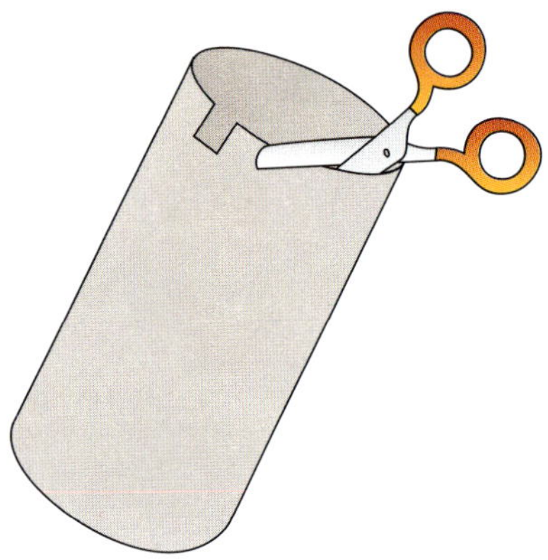

1.- Para hacer las almenas, recortamos cuadraditos como se ve en el dibujo.

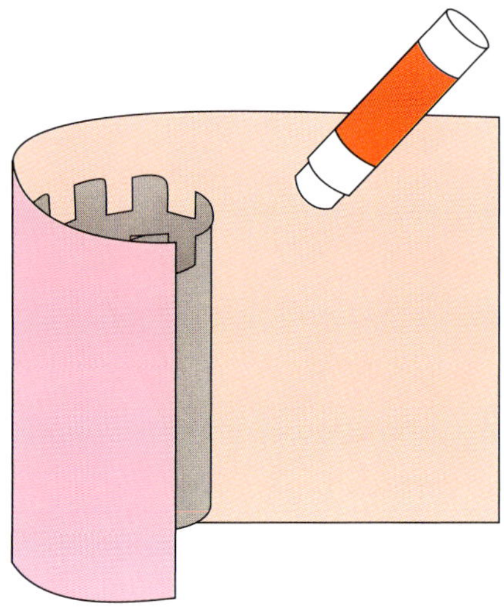

2.- Luego forramos el canuto de cartón con papel charol de color naranja o marrón claro.

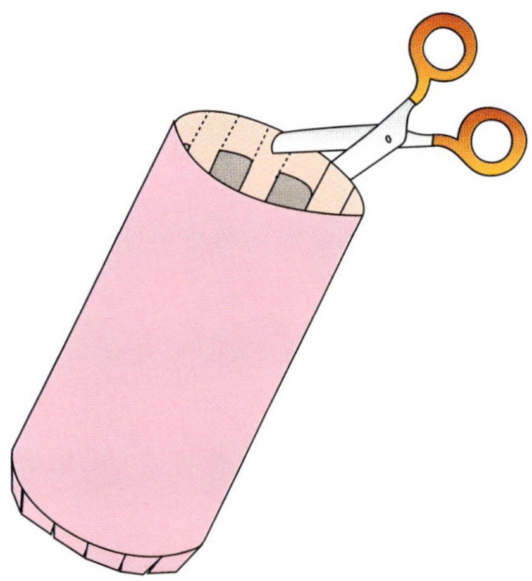

3.- Damos unos cortes en los bordes del papel charol para poderlo doblar.

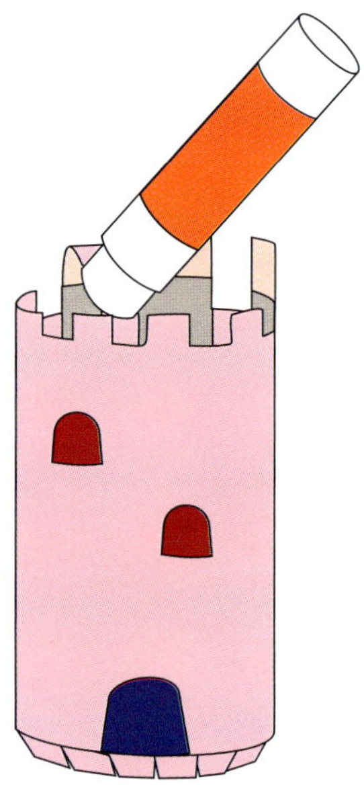

4.- Se unta de pegamento el interior del canuto y doblamos hacia dentro lo que sobra.

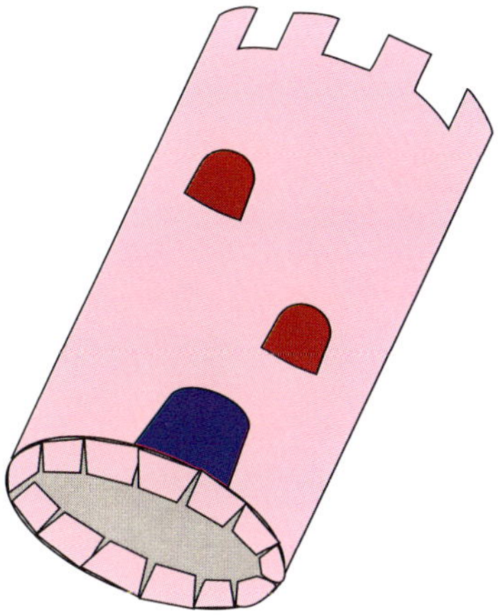

5.- Igualmente doblamos las pastañas de abajo ligeramente, quedarán pegadas a la base.

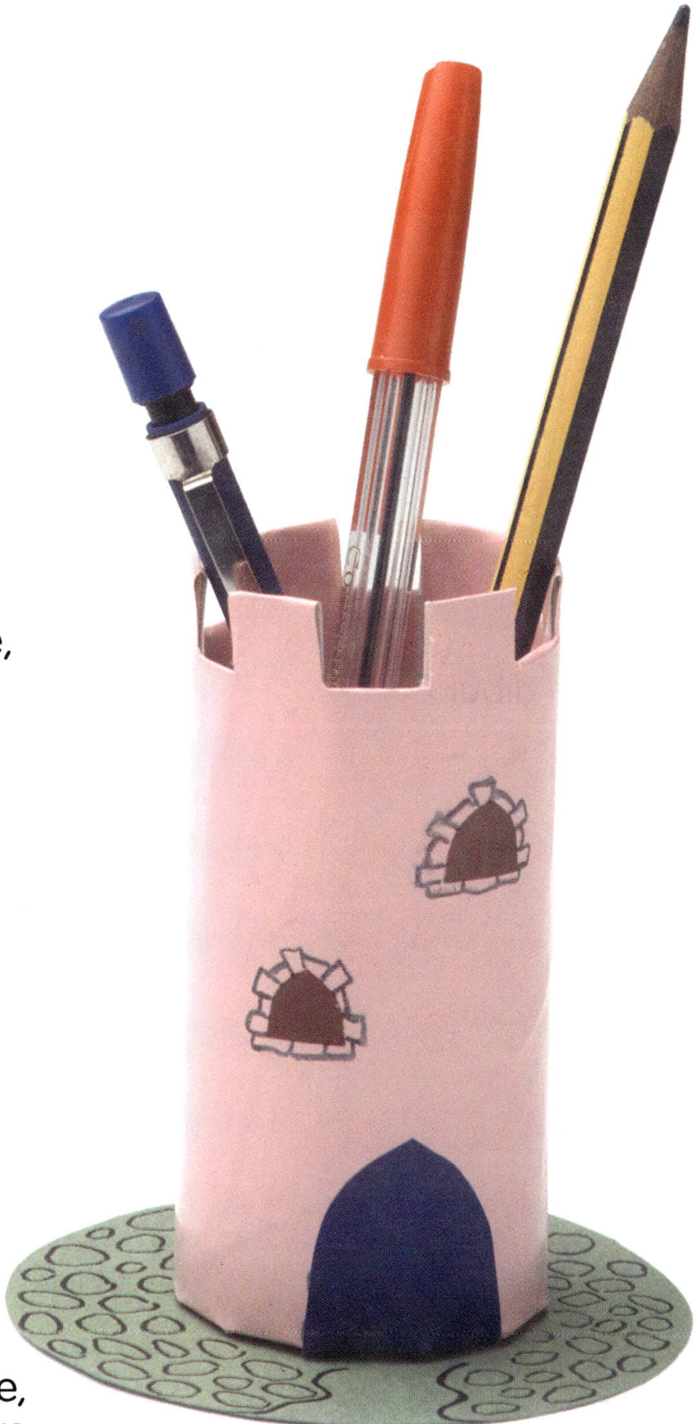

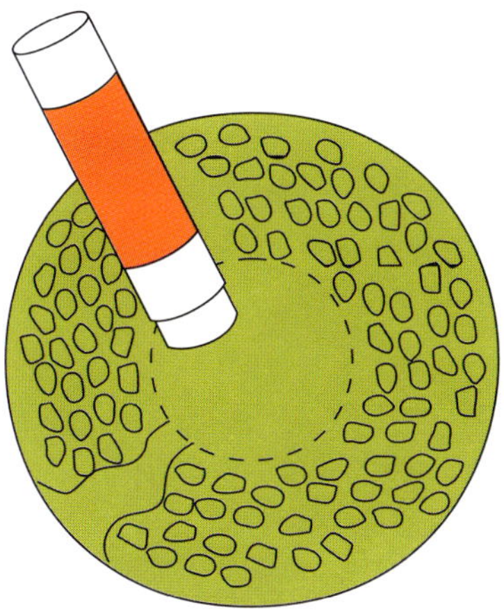

6.- Damos pegamento en la base, un círculo verde, y pegamos sobre ella la torre.

Castillo

1.- Forramos dos canutos de cartón con papel charol, como en el ejemplo de la torre.

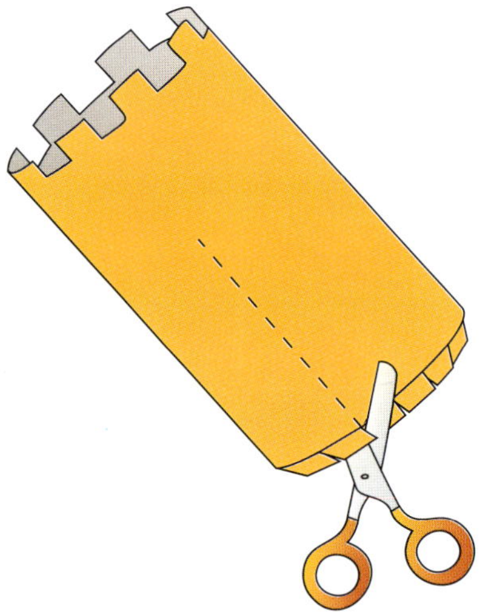

2.- Hacemos un corte recto en cada torre siguiendo una línea de puntos.

3.- Recortamos el muro y pegamos en él, y en las torres, ventanas y puertas.

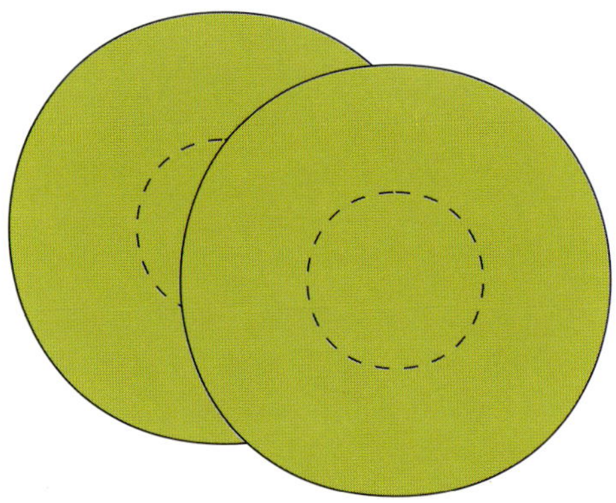

4.- Recortamos dos círculos de cartulina verde para las bases de las torres.

5.- Con cuidado de no doblarlo, encajamos el muro en las ranuras de las torres.

6.- Pegamos a cada torre su base. Puedes hacer las torres igual de altas o no, a tu gusto.

Pierrot

1.- Forramos un canuto de cartón con papel charol de un color bonito.

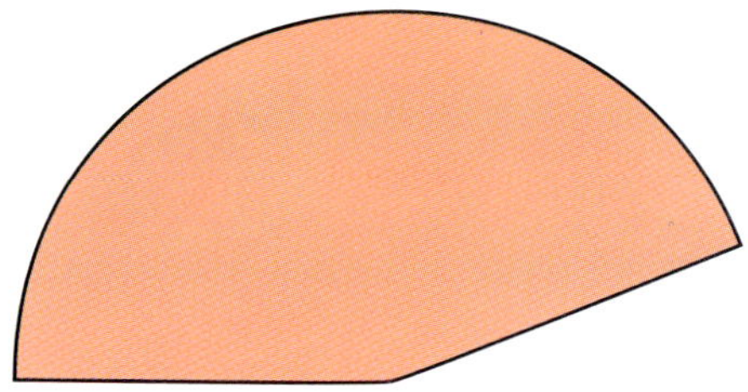

2.- Cortamos el gorro a partir de una figura como la que ves en el dibujo.

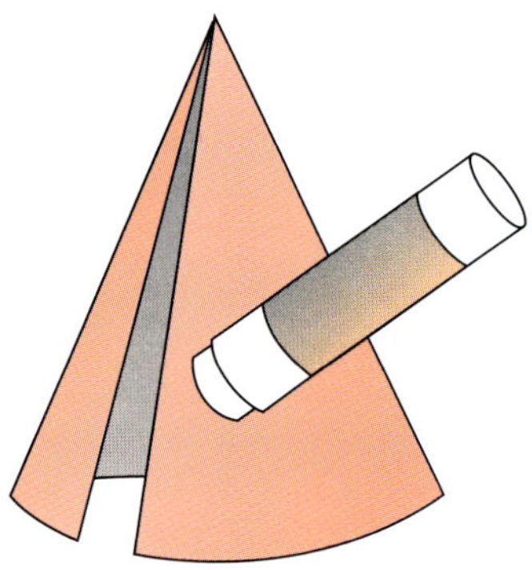

3.- Hacemos un cucurucho. Montamos un borde sobre otro y lo pegamos.

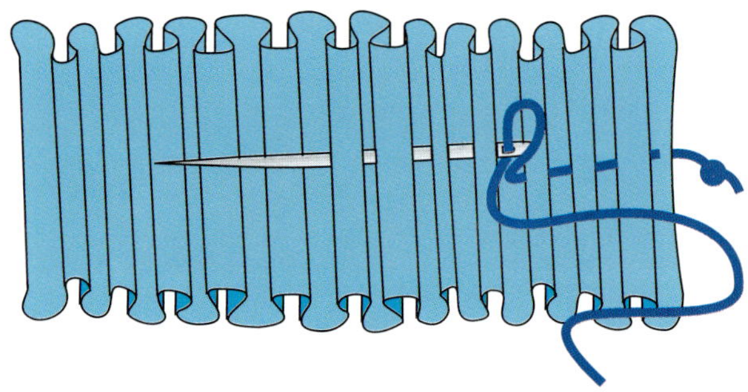

4.- Cortamos una tira de papel crespón de 75x13 cm y la fruncimos cosiendo por la mitad.

5.- Atamos la tira justo por el medio alrededor del canuto de cartón.

6.- Recortamos un círculo de cartulina, le hacemos la cara y lo pegamos al canuto.

Pez y manzana

1.- Con la caja de cerillas como medida, cortamos fieltro.

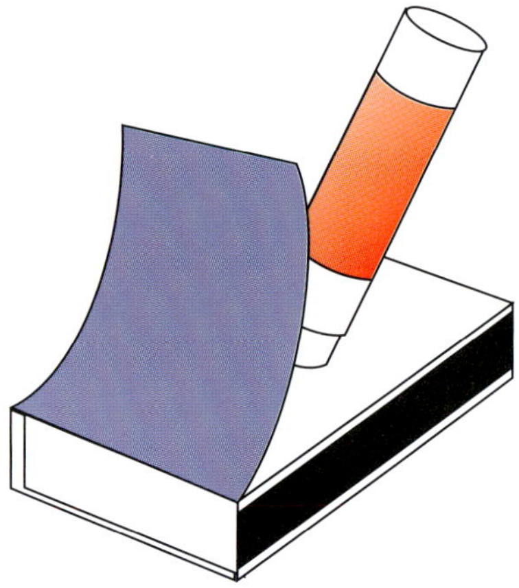

2.- Una vez recortado, pegamos el fieltro encima de la caja.

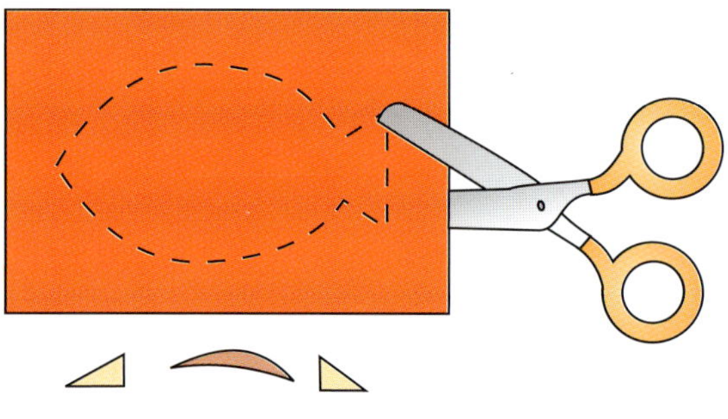

3.- Ésta es la forma del pez. Lo dibujamos en fieltro y recortamos.

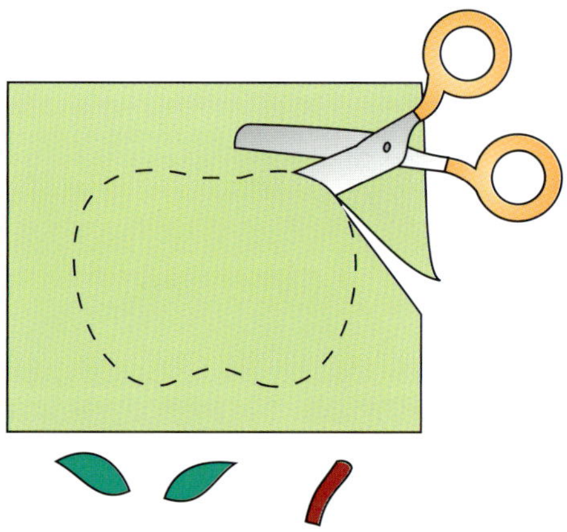

4.- Y ésta es la de la manzana. La dibujamos y recortamos.

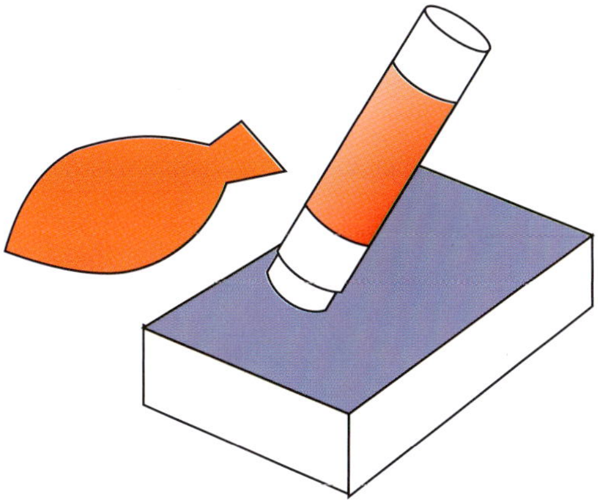

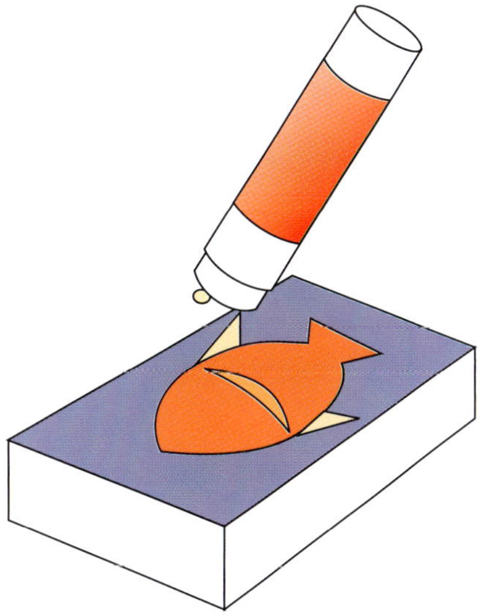

5.- Pegamos a la caja la figura del pez (o de la manzana).

6.- Añadimos los elementos que completan la figura.

Pueblo

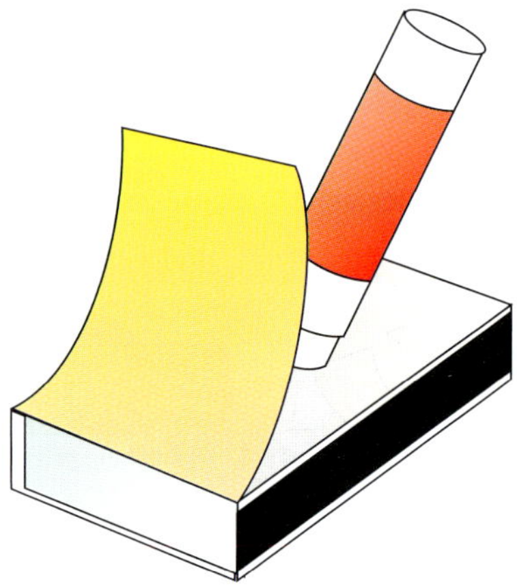

1.- Con una caja de cerillas como medida cortamos el fieltro.

2.- Pegamos el fieltro a la caja para hacer una casa.

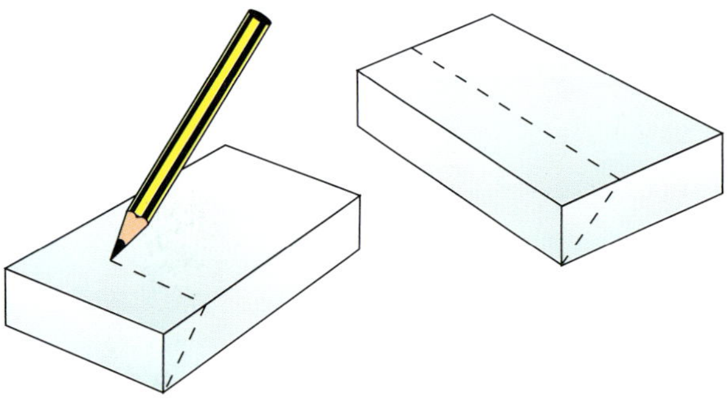

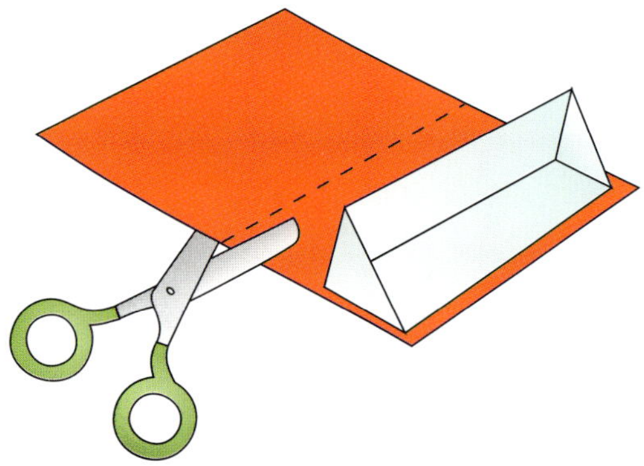

3.- Haremos el tejado cortando un borde de la caja, como ves.

4.- Recortamos el fieltro rojo para forrar el tejado.

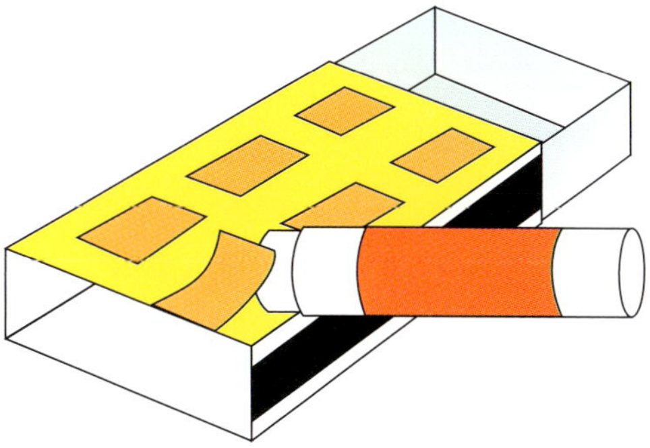

5.- Pegamos las ventanas y la puerta y por último el tejado.

6.- Del mismo modo hacemos otras casas diferentes y tendremos un pueblo.

Camión

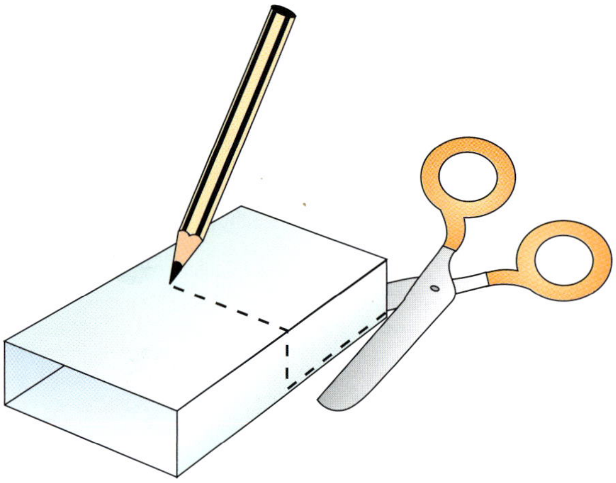

1.- Cortamos la caja como muestra el dibujo.

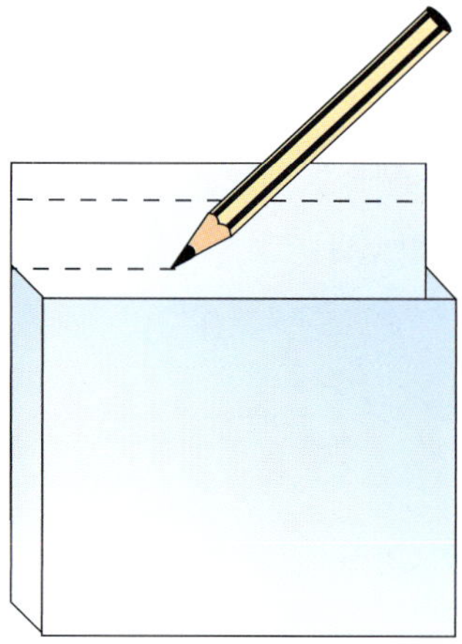

2.- Marcamos a lo ancho por dónde irán los dobleces.

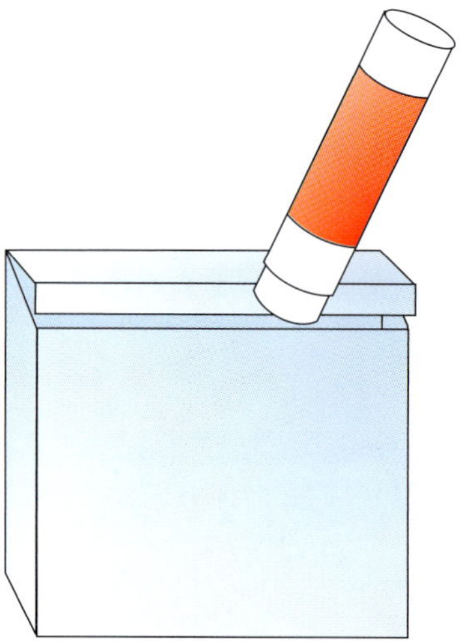

3.- Doblamos por la línea de puntos y lo pegamos cerrándolo.

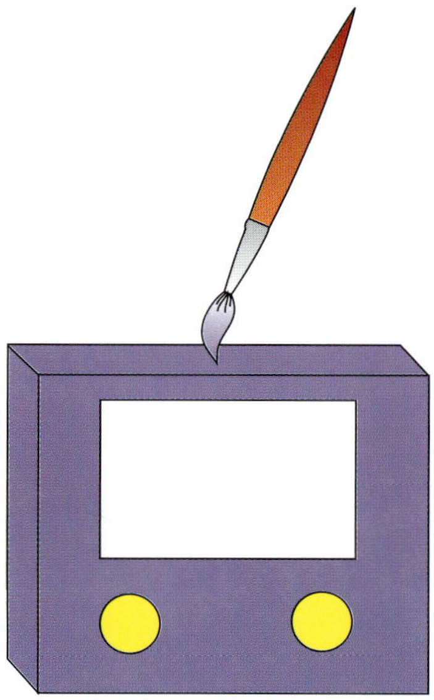

4.- Pintamos en la caja la cabina del camión.

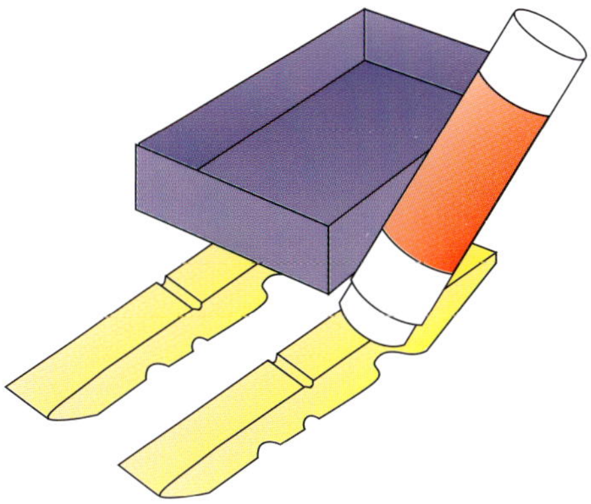

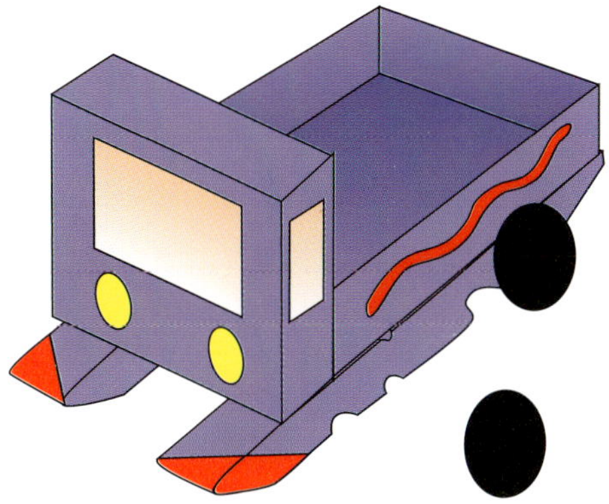

5.- Sobre una pinza de la ropa desmontada pegamos las piezas.

.

6.- Terminamos decorándolo y le pegamos las ruedas.

Tren

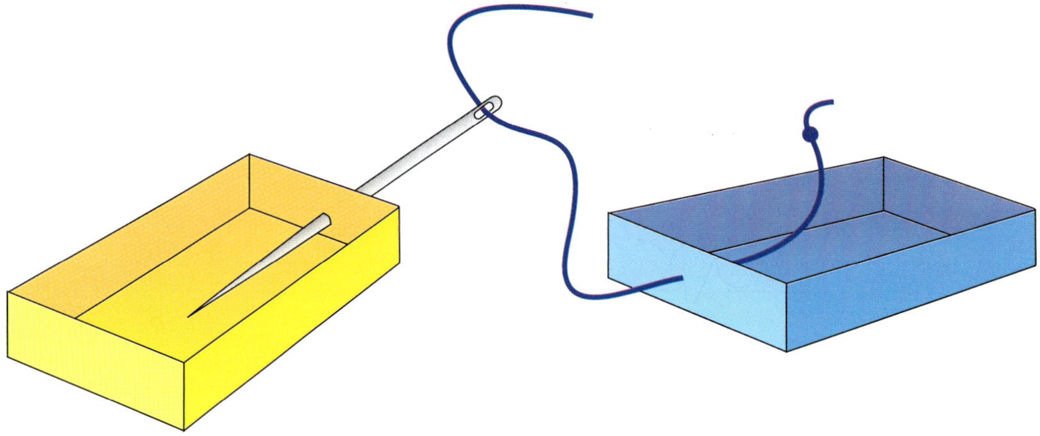

1.- Con cinco cajas de cerillas (sólo las interiores) vamos a hacer un tren.

2.- Primero las pintamos. Luego las unimos con una aguja gruesa y lana.

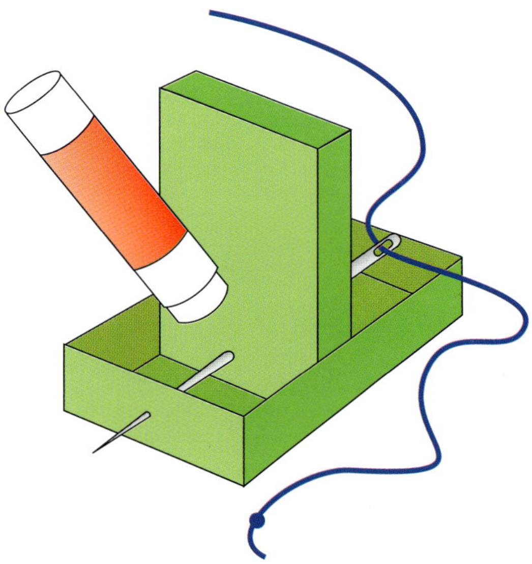

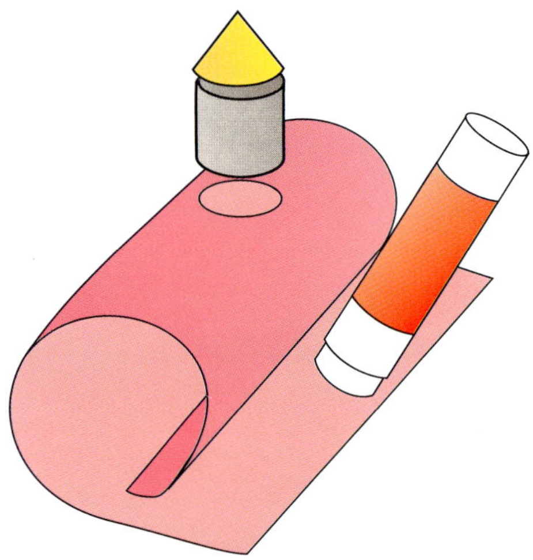

3.- Para hacer la máquina del tren pegamos una caja dentro de otra como muestra el dibujo.

4.- Enrollamos un trozo de cartulina, lo pegamos y montamos como indica el dibujo.

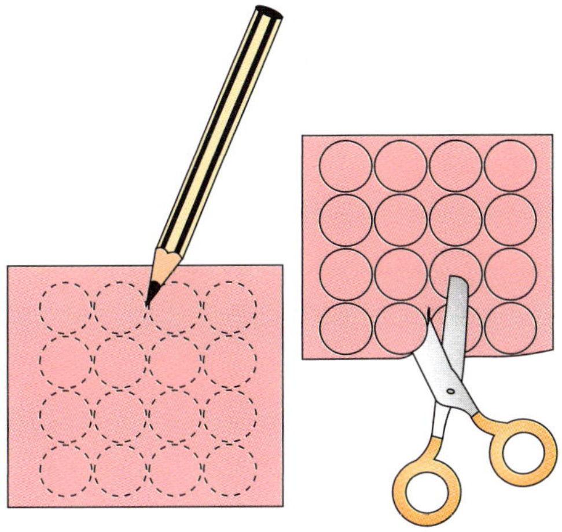

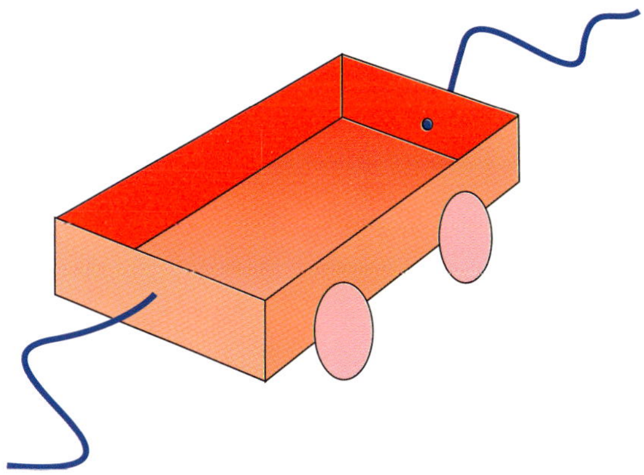

5.- Hacemos las ruedas dibujando dieciséis círculos en una cartulina y recortándolos.

6.- Una vez construido el tren, pegamos las ruedas en su sitio correspondiente.

Caballo y gallina

1.- Dibujamos las piezas del caballo como se ve arriba y las recortamos. Recortamos la tira.

2.- Pegamos las piezas, doblamos la pezuña por la línea de puntos y la pegamos a la pata trasera.

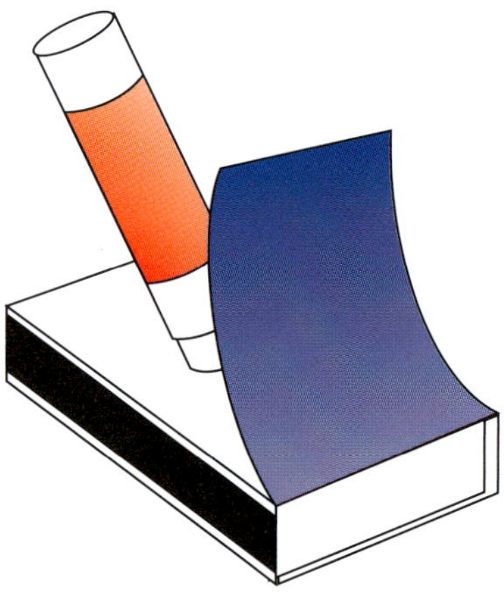

3.- Recortamos fieltro del mismo tamaño que la caja y lo pegamos a ésta.

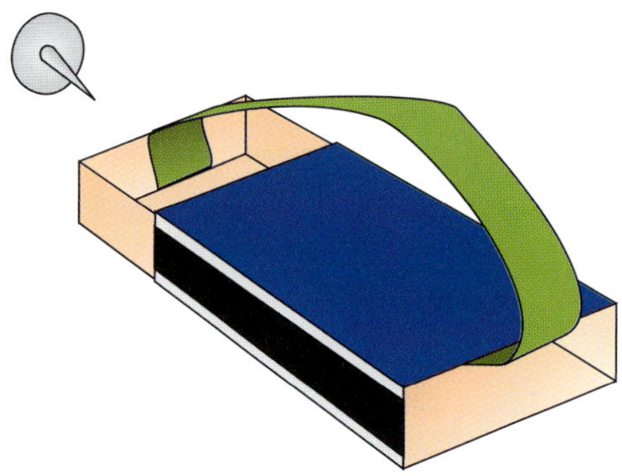

4.- Pegamos la tira a la caja y la aseguramos con una chincheta. Sobre la tira se pega la pezuña.

5.- Del mismo modo puede hacerse con la figura de una gallina.

6.- El caballo y la gallina, pegados en la cinta, se mueven al abrir y cerrar la caja.

Sirena y canguro

1.- Dibujamos y recortamos las piezas que componen la sirena copiándolas del dibujo.

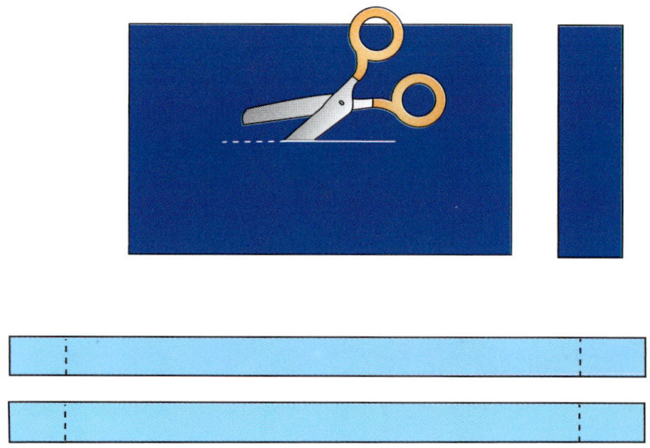

2.- Recortamos fieltro del tamaño de la caja y damos un corte. Recortamos dos tiras de cartulina.

3.- Pegamos las piezas, se mete la sirena por el corte y luego pegamos el fieltro a la caja.

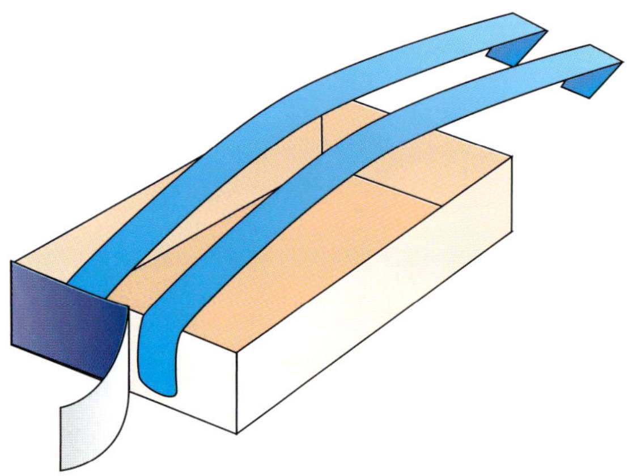

4.- Pegamos las dos tiras a la caja y las aseguramos con fieltro adhesivo.

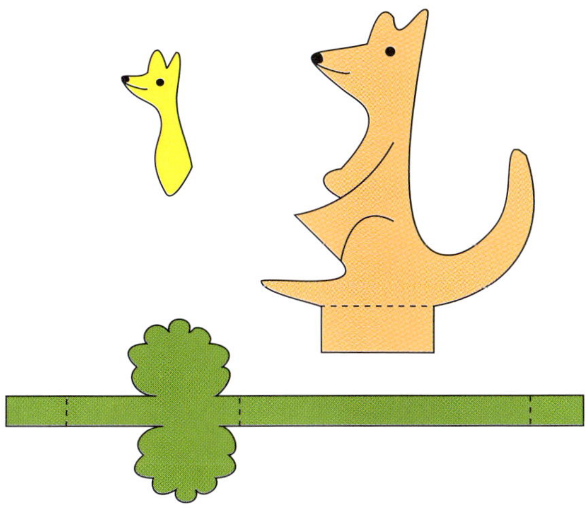

5.- Dibujamos y recortamos las piezas del canguro copiándolas del dibujo.

6.- Pegamos la tira a la caja y la aseguramos con una chincheta. Pegamos el canguro a la tira.

Calcar

1.- Con un papel vegetal, o de seda, calcamos las piezas del dibujo.

2.- Damos la vuelta al papel vegetal, lo ponemos sobre la cartulina y repasamos el dibujo.

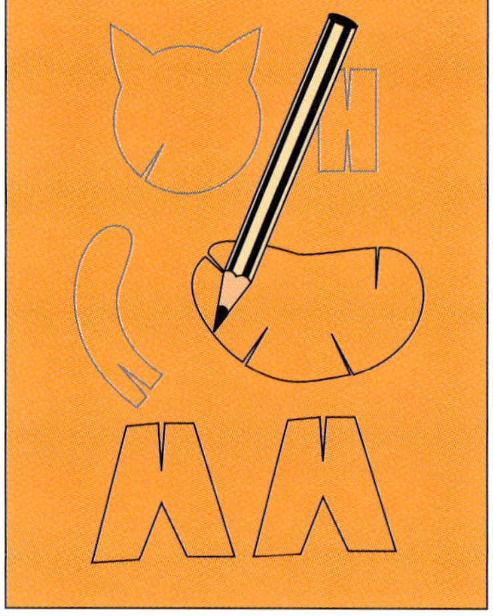

3.- Quitamos el papel vegetal y repasamos con el lápiz el dibujo de la cartulina.

4.- Por último recortamos las piezas y damos la vuelta a la cartulina.

Ampliar

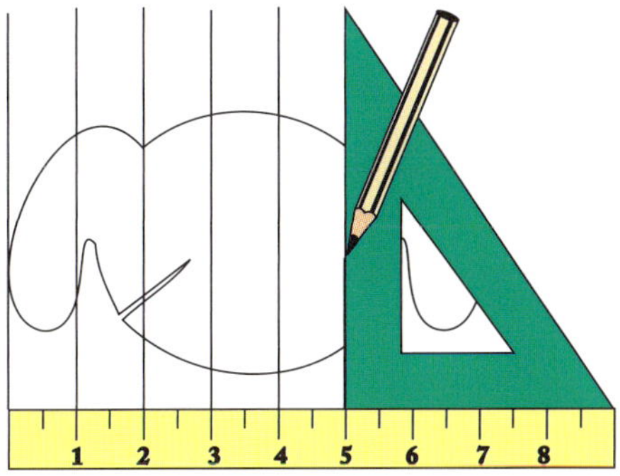

1.- Para ampliar un dibujo necesitamos una regla y un cartabón.

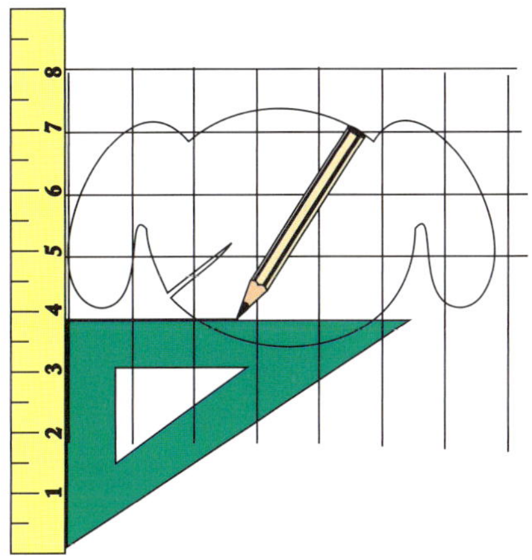

2.- Dibujamos una cuadrícula, compuesta de cuadrados que midan 1 cm, sobre el dibujo.

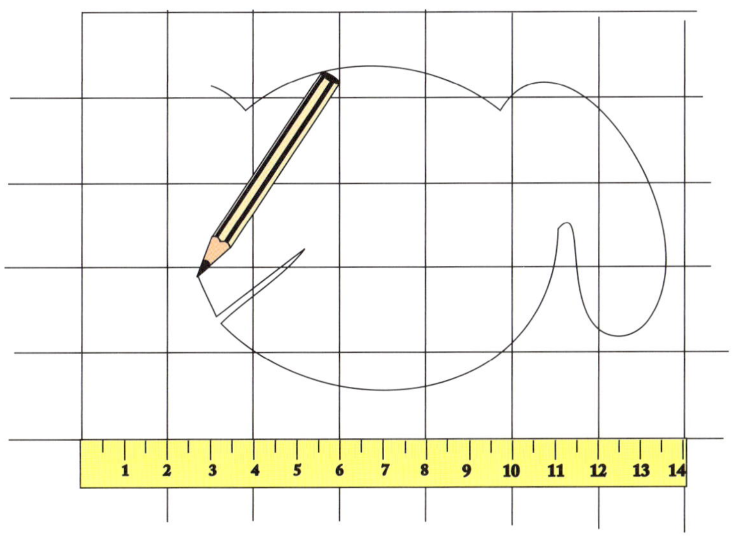

3.- Hacemos una cuadrícula de 2 cm por cuadrado y reproducimos cuadro por cuadro el dibujo.

Burro

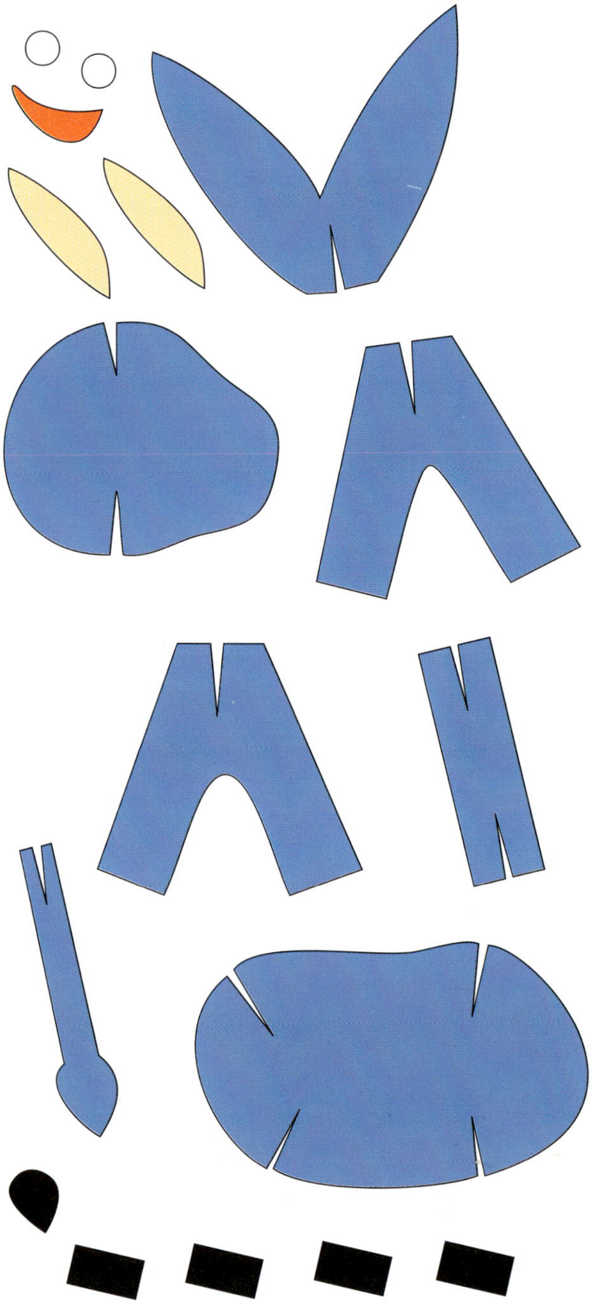

1.- Copiamos todas las piezas del dibujo que componen el burro.

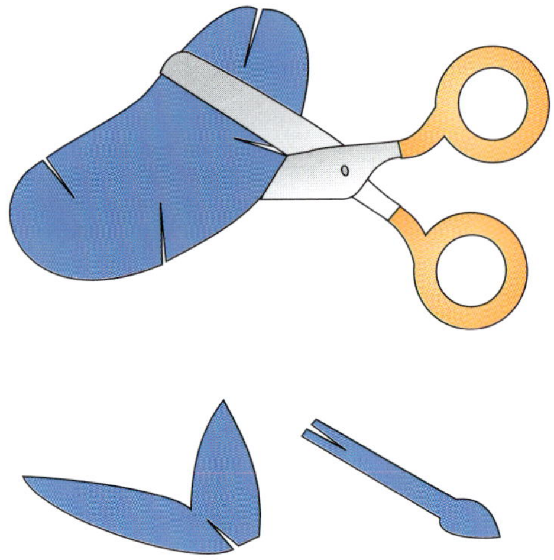

2.- Recortamos todas las piezas, dando los cortes con cuidado.

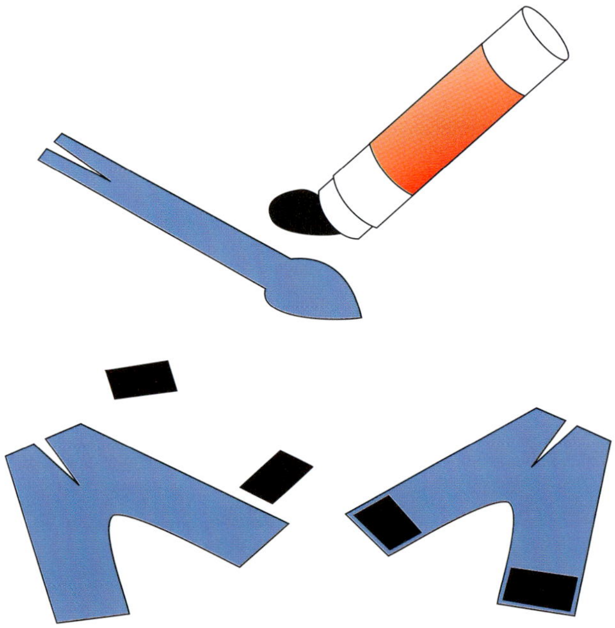

3.- Pegamos la punta del rabo y las pezuñas a las patas.

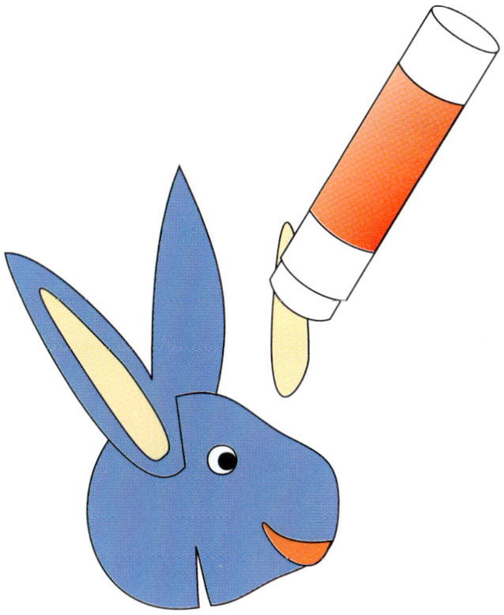

4.- Pegamos el interior de las orejas, los ojos y la boca.

5.- Por último, encajamos las piezas como indica el dibujo.

Jirafa

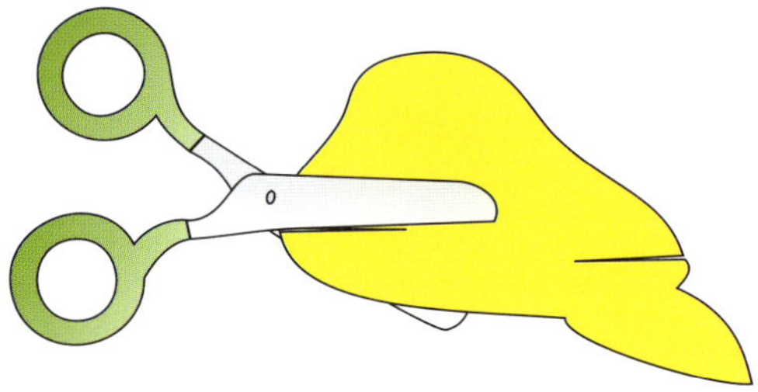

1.- Copiamos y recortamos las piezas con mucho cuidado.

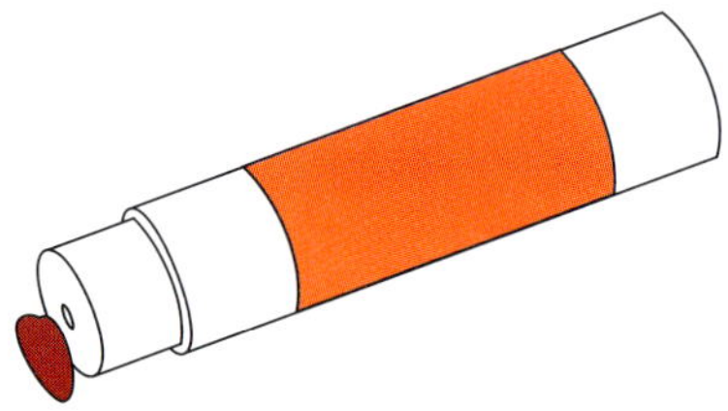

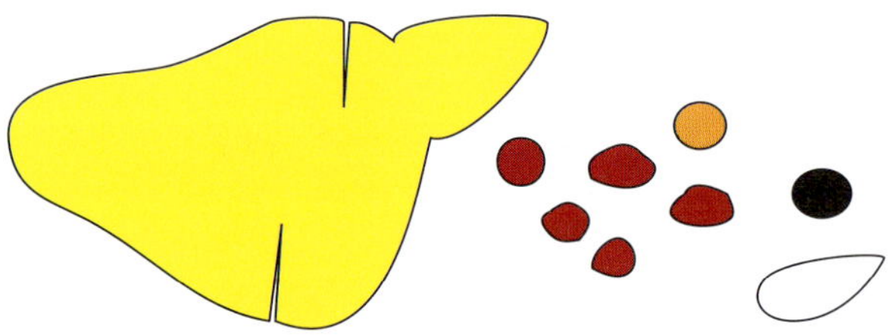

2.- Pegamos las manchitas en el cuerpo de la jirafa.

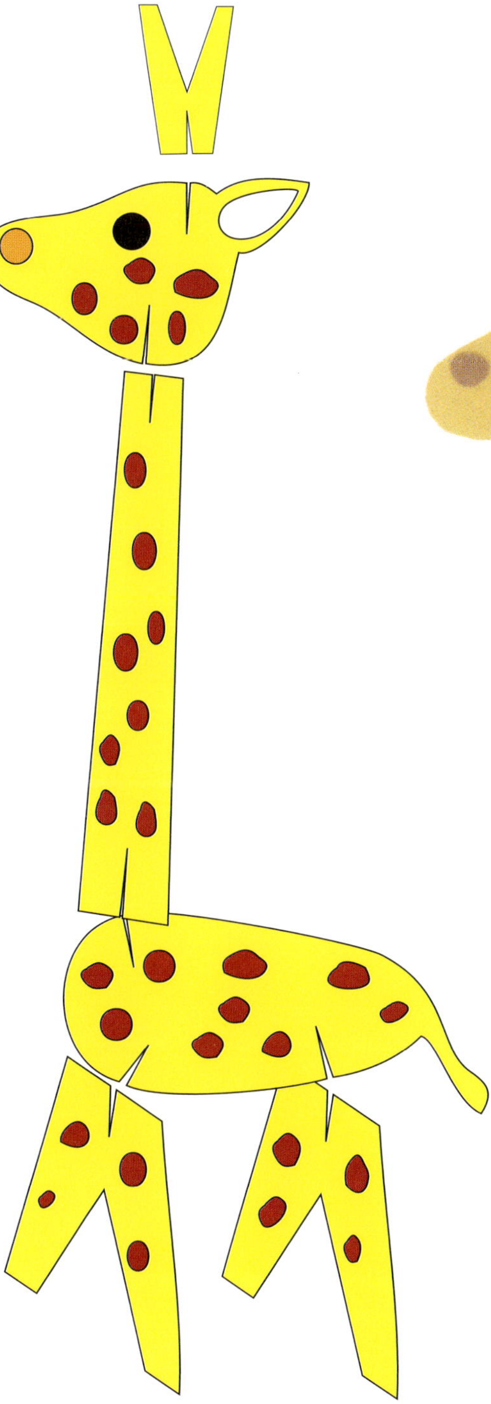

3.- Montamos todas las piezas como indica el dibujo.

Caballo balancín

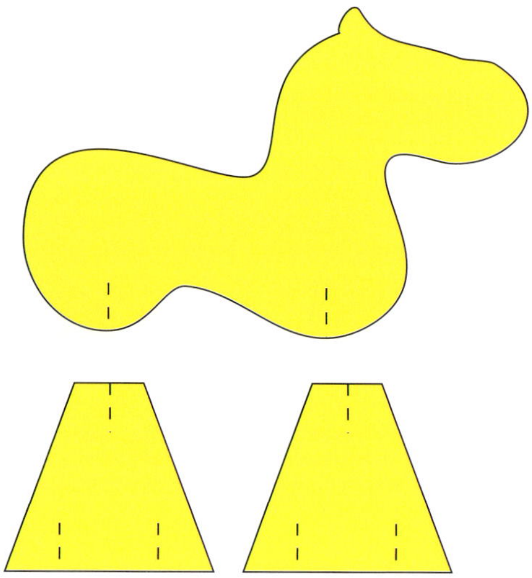

1.- Copiamos el dibujo y lo recortamos.

2.- Copiamos y recortamos los detalles en otro color.

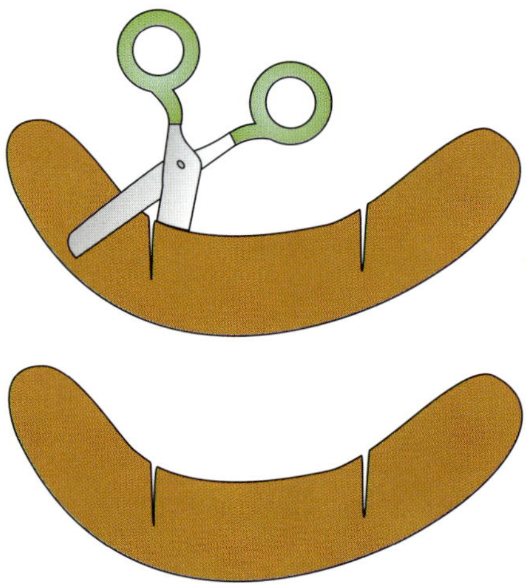

3.- Dibujamos y recortamos el balancín.

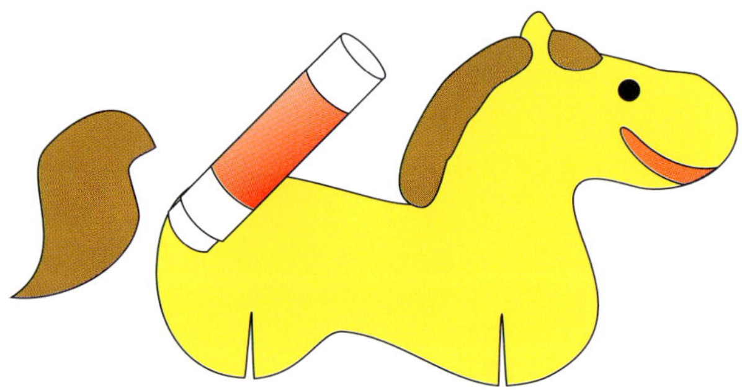

4.- Pegamos las piezas del caballo en su sitio.

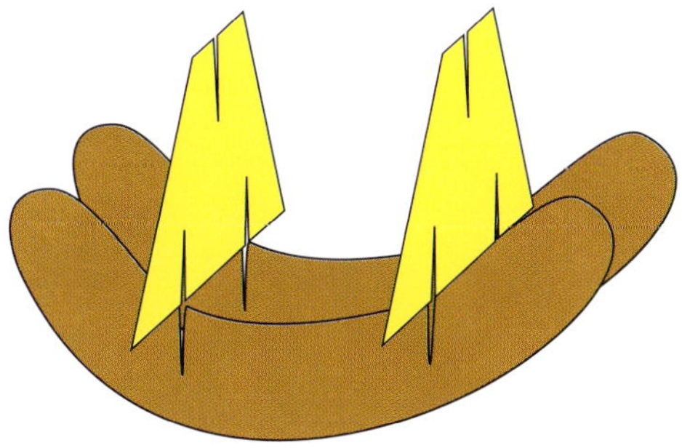

5.- Se encajan bien las patas en las ranuras del cuerpo.

6.- Y para terminar encajamos las patas en el balancín.

Perro

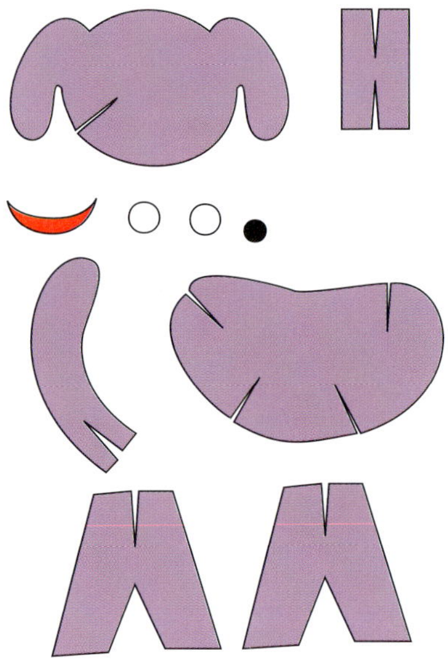

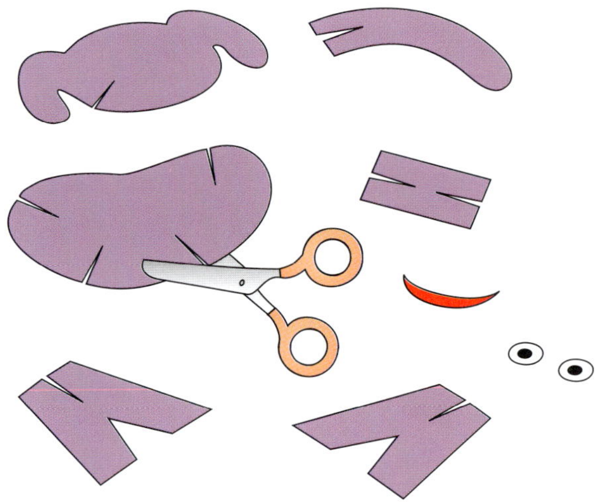

1.- Copiamos todas las piezas del perro sobre una cartulina.

2.- Recortamos las piezas con cuidado.

3.- Pegamos en la cara del perro los ojos, la nariz y la boca.

4.- Pintamos algunas manchas en la cara.

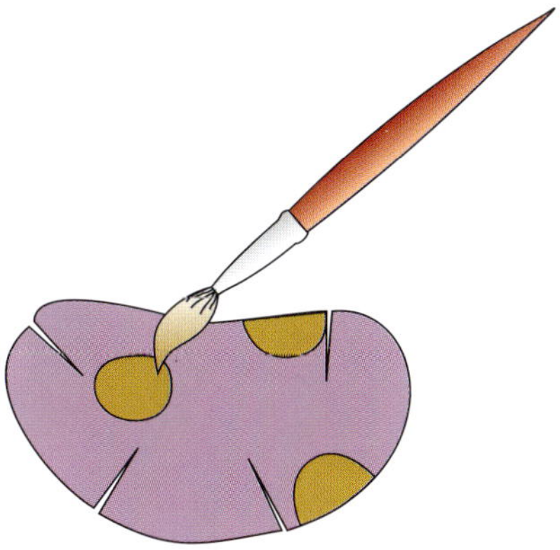

5.- También pintamos manchas salpicadas por el cuerpo.

6.- Y encajamos las piezas haciendo coincidir los cortes.

Gato

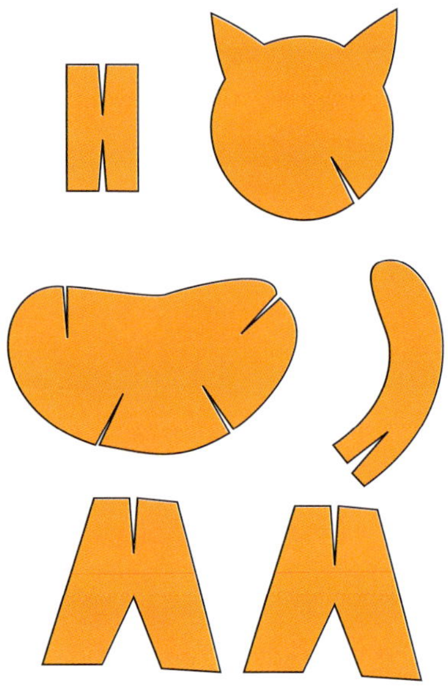

1.- Se copian las piezas del dibujo sobre una cartulina.

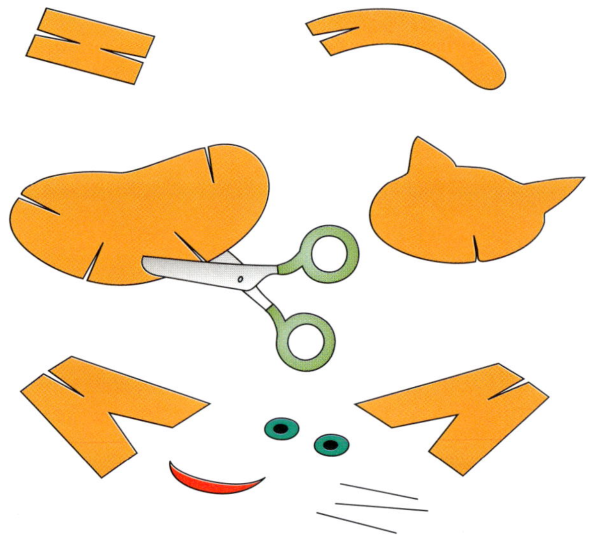

2.- Recortamos las piezas y añadimos ojos, boca y bigotes.

3.- Para hacer las manchas recortamos trocitos de cartulina.

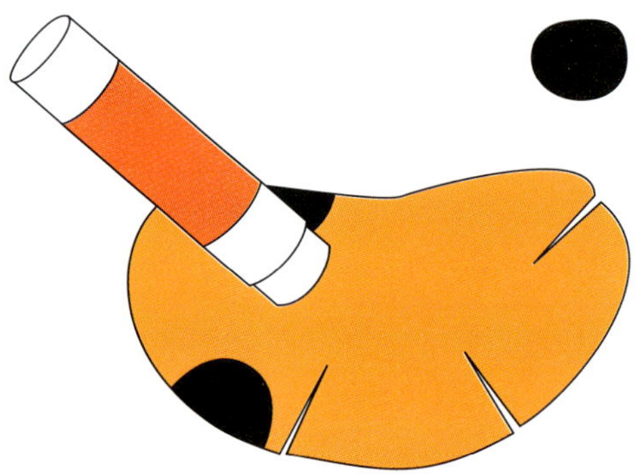

4.- Pegamos las manchas sobre el cuerpo.

5.- Pegamos en la cara los ojos, hocico, boca y bigotes.

6.- Encajamos las piezas haciendo coincidir los cortes.

Móvil piñas

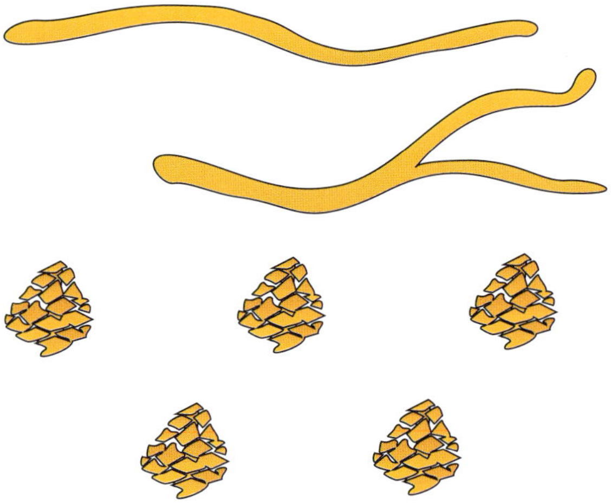

1.- Necesitaremos cinco piñas y dos ramitas.

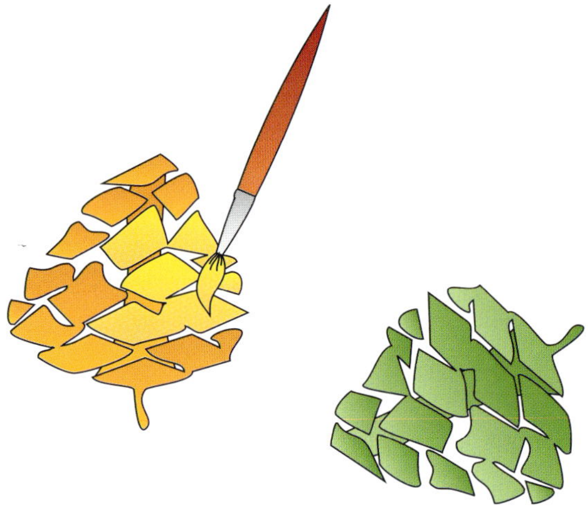

2.- Decoramos las piñas pintándolas de colores.

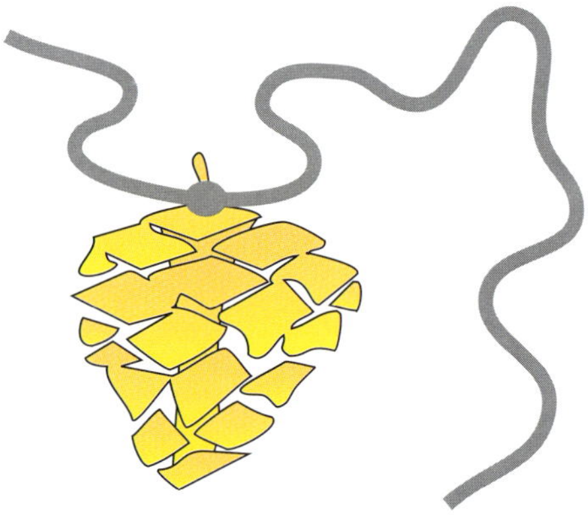

3.- Una vez secas, atamos un cordón a cada piña.

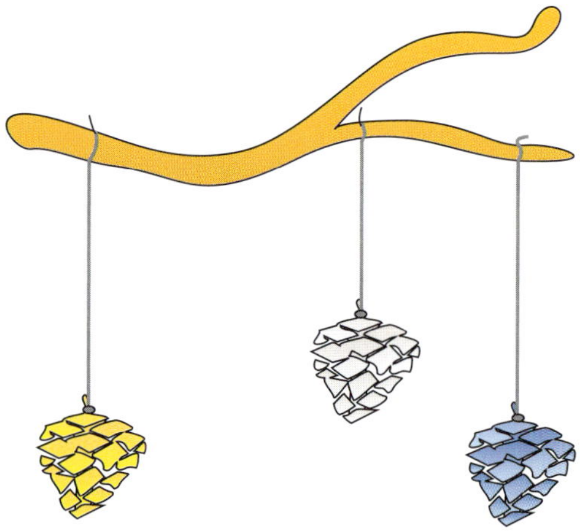

4.- Luego las vamos atando a la rama.

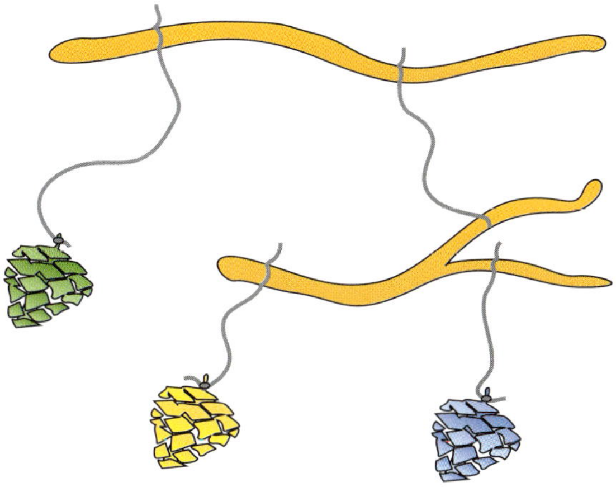

5.- Unimos con un cordón las dos ramas.

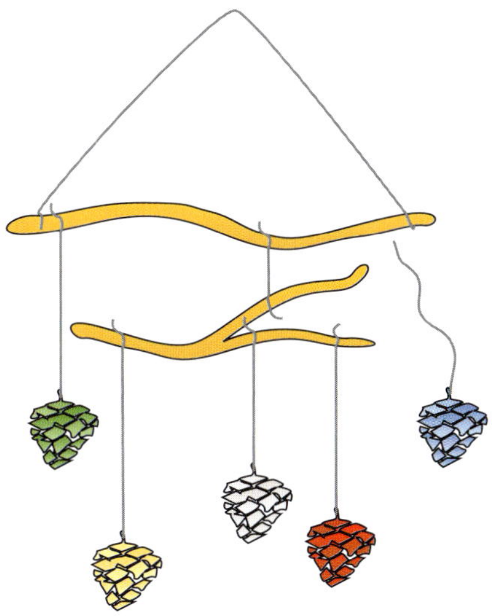

6.- Con la última piña equilibraremos el móvil.

Móvil rollitos

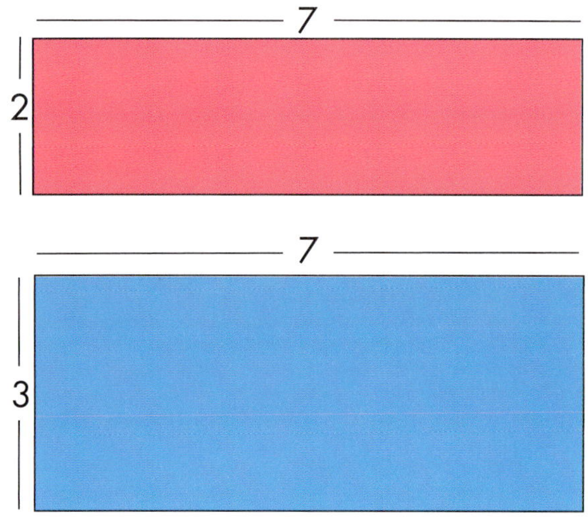

1.- Cortamos en cartulinas de diferentes colores 24 tiras que midan 7x2 cm y 6 tiras de 7x3 cm.

2.- Hacemos un rollito con cada una de las tiras y pegamos los bordes.

3.- Fijamos el rollito con una pinza hasta que se seque, hacemos lo mismo con el resto.

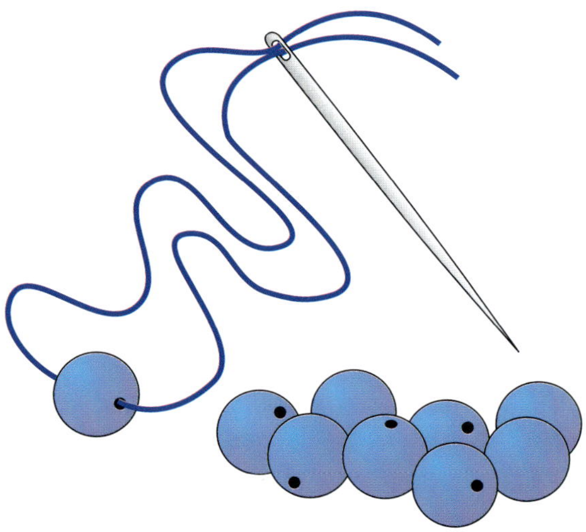

4.- Pasamos una hebra de hilo larga por la bola y enhebramos una aguja con los dos extremos.

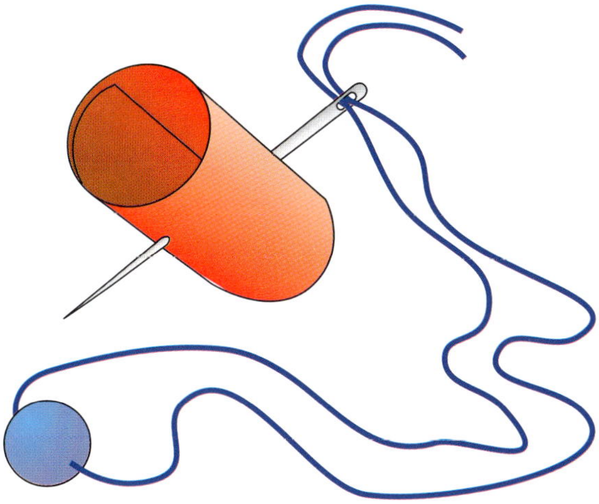

5.- Ponemos la bola en medio del hilo y, luego, atravesamos el rulo sin aplastarlo.

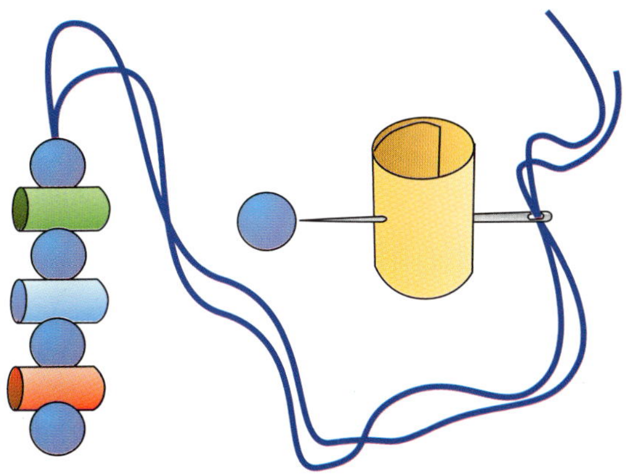

6.- Cuando tengamos varias tiras de rollitos y cuentas, las atamos a un palito, como se ve en la foto.

Móvil pez

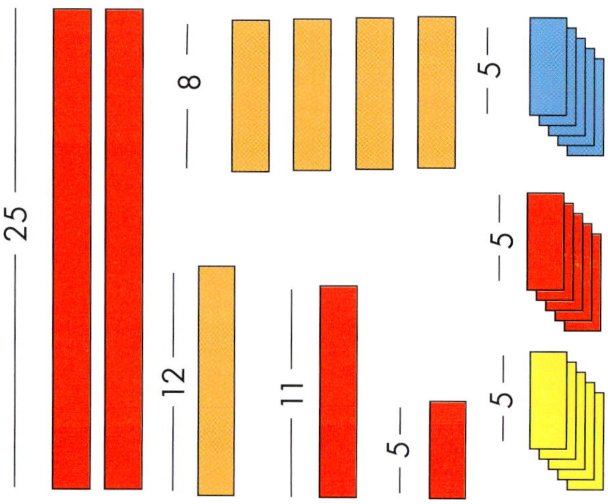

1.- Cortamos tantas tiras como se ven en el dibujo, con la medida que se indica (centímetros).

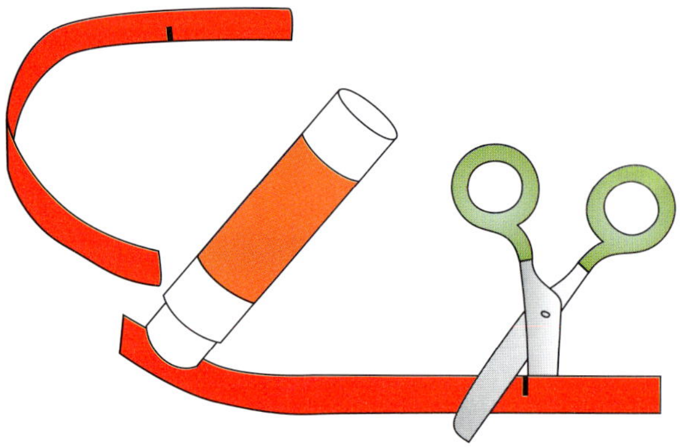

2.- Empalmamos las dos tiras grandes y damos un corte a cada lado.

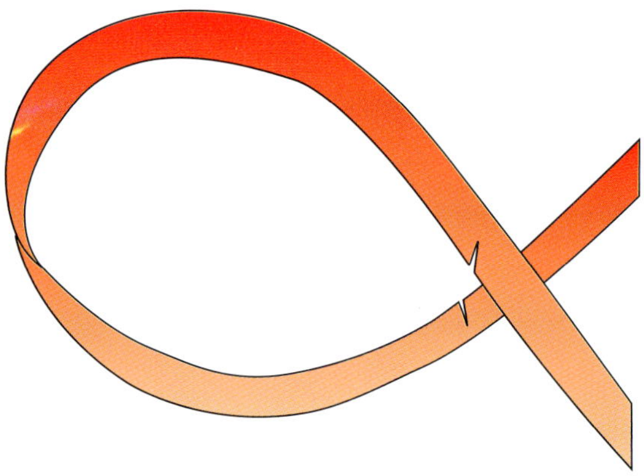

3.- Encajamos los cortes uno en otro como se ve en el dibujo, así se forma la cola del pez.

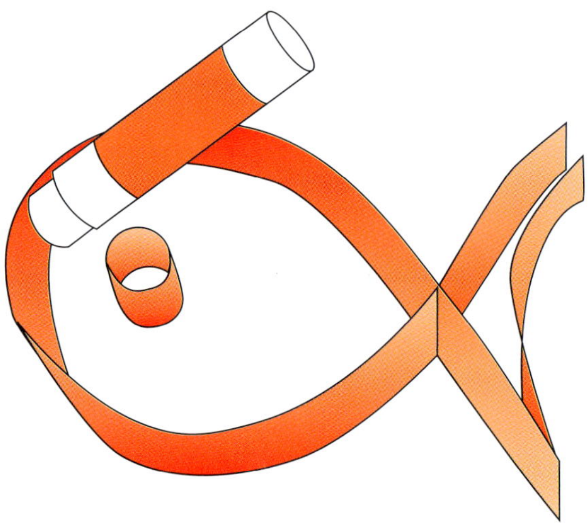

4.- Enrollamos una tira pequeña, para el ojo, y lo pegamos como ves aquí. Completamos la cola.

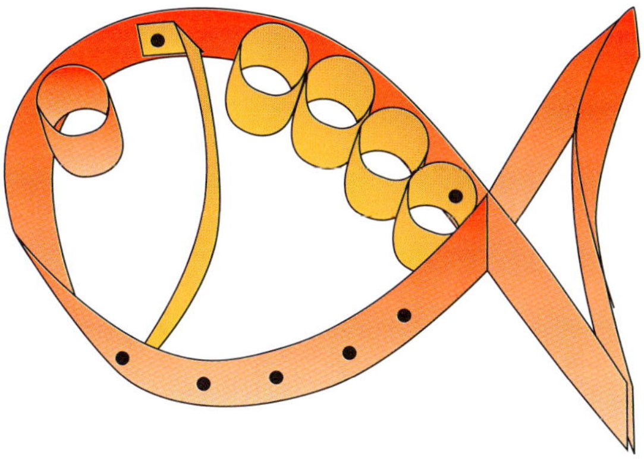

5.- Pegamos los detalles y con un punzón hacemos agujeros en la tira inferior.

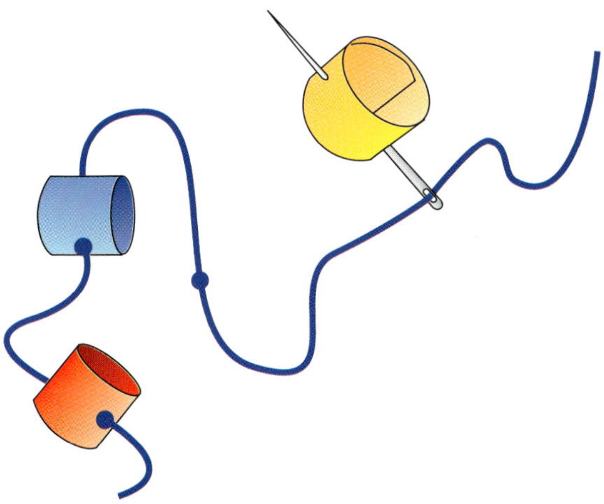

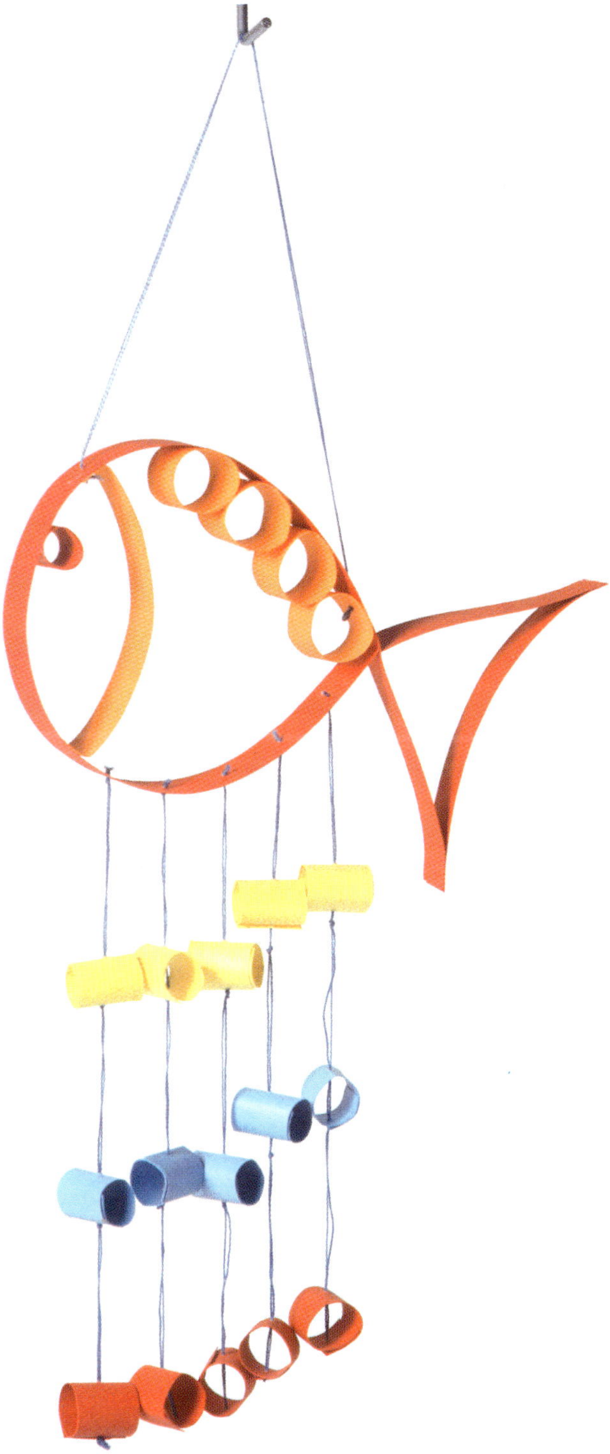

6.- Ensartamos el resto de los rulos con hilo, haciendo un nudo antes de cada rulo. Colgamos las tiras.

Móvil sol

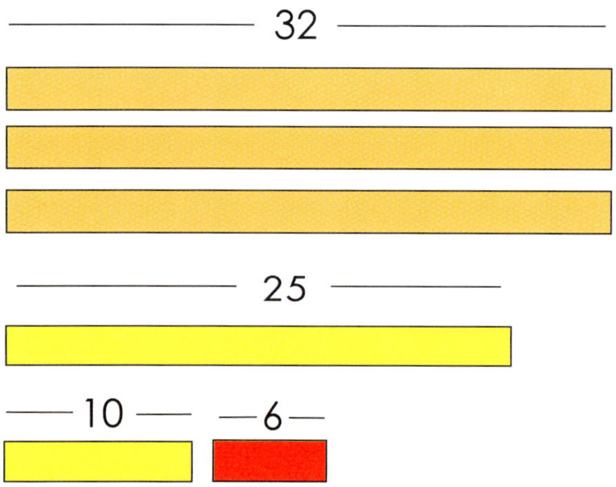

1.- Cortamos tiras como éstas, de la medida indicada (centímetros).

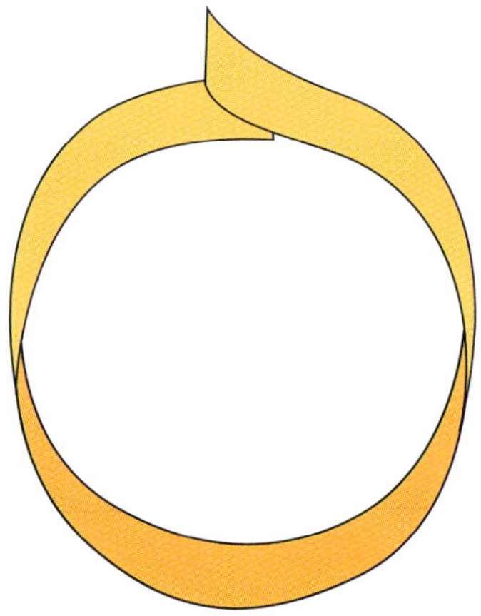

2.- Pegamos los extremos de una de las tiras largas.

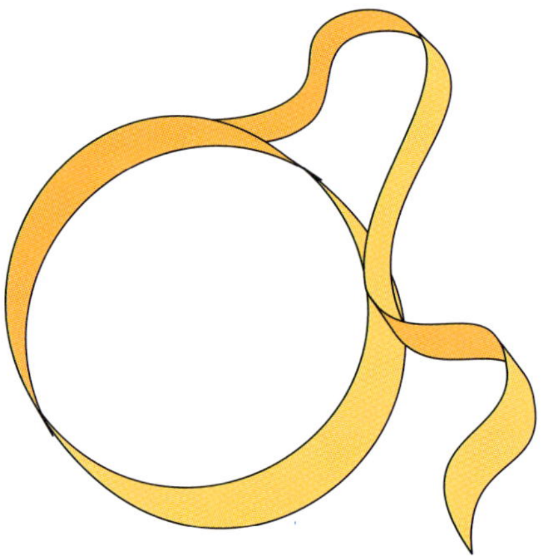

3.- Con las otras dos tiras vamos dando forma a los rayos del sol.

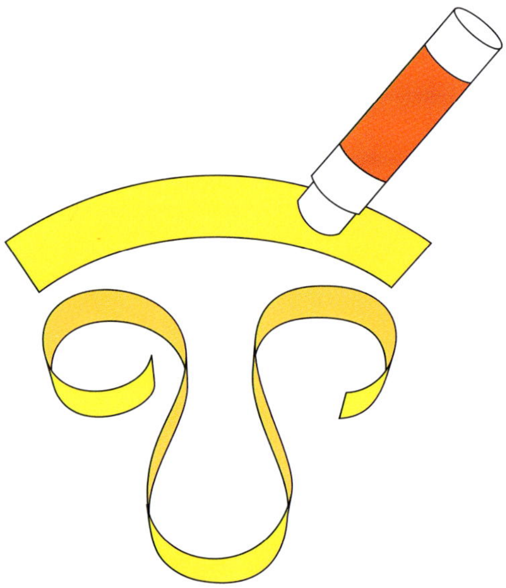

4.- Pegamos estas dos piezas para hacer la cara.

5.- Pasamos un hilo fuerte por las piezas del sol.

6.- Pegamos la boca y tres bolas en los ojos y la nariz.

Móvil mariposa

1.- Cortamos una tira larga. La enrollamos y la pegamos con cinta adhesiva como se ve aquí.

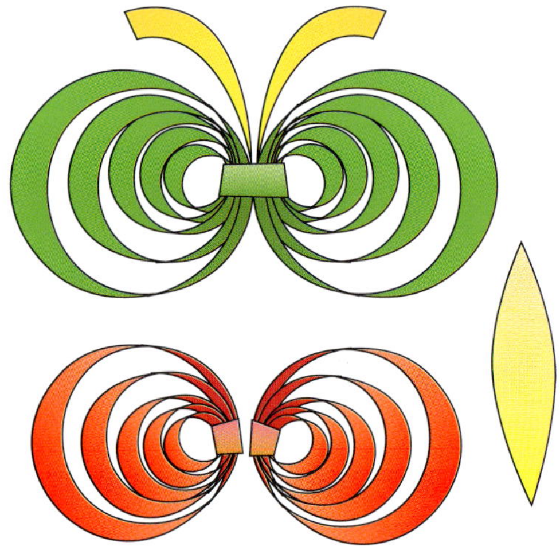

2.- Con una tira corta hacemos las antenas. Recortamos el cuerpo y unimos las piezas.

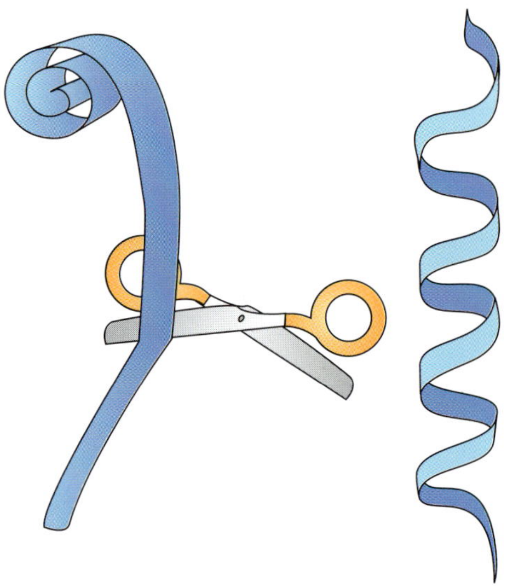

3.- Con la tijera rizamos tiras largas para colgar las mariposas.

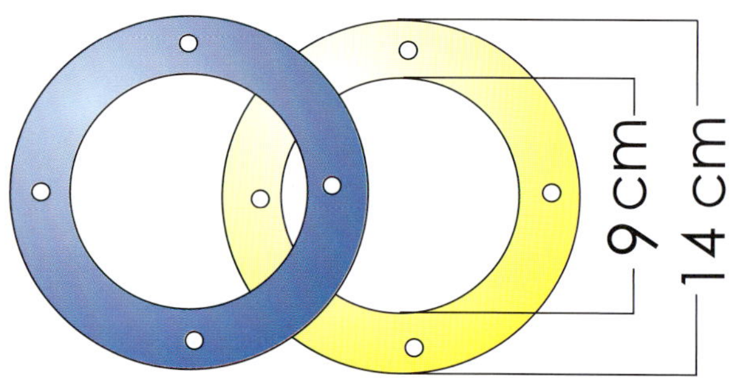

4.- Dibujamos dos arandelas iguales y con un punzón troquelamos cuatro agujeros.

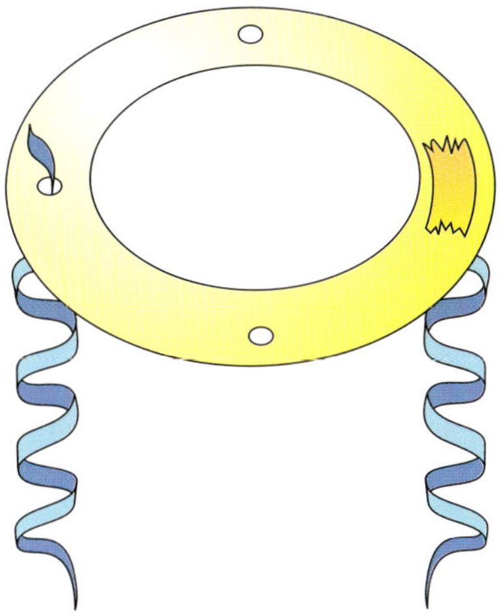

5.- Metemos los tirabuzones por los agujeros y los aseguramos con cinta adhesiva.

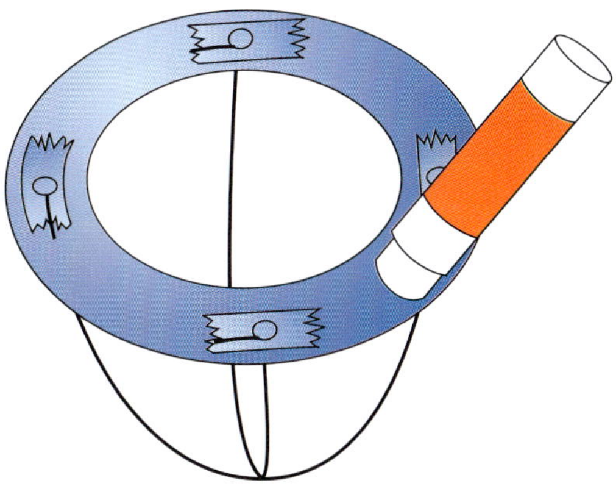

6.- Se meten por los agujeros dos trozos de cordón, de 30 cm cada uno, y se pegan las arandelas.

Dado

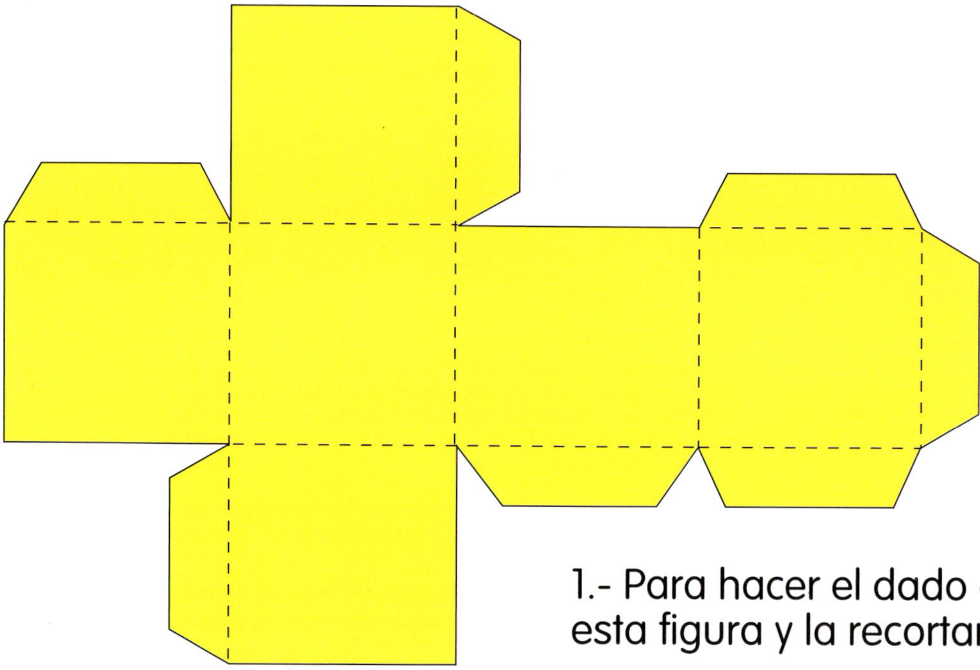

1.- Para hacer el dado copiamos esta figura y la recortamos.

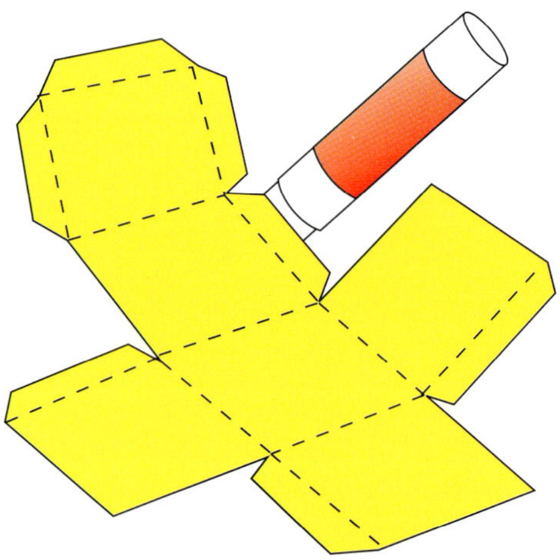

2.- Doblamos por las líneas de puntos y pegamos las pestañas.

3.- Vamos dando forma al cubo y acabamos de pegarlo.

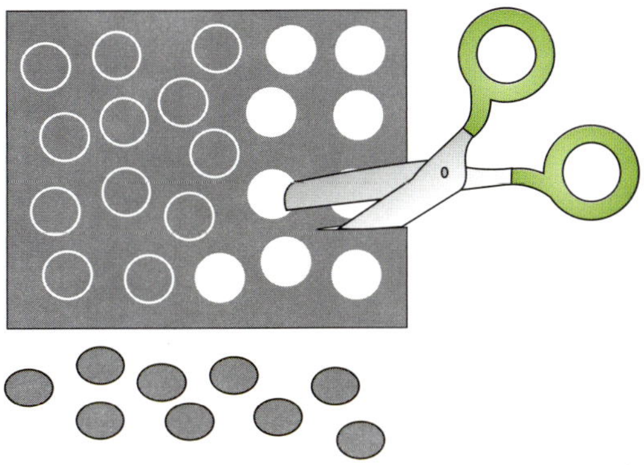

4.- Recortamos 21 circulitos en cartulina negra.

5.- Pegamos los círculos negros en cada cara. Fíjate en un dado.

Calendario

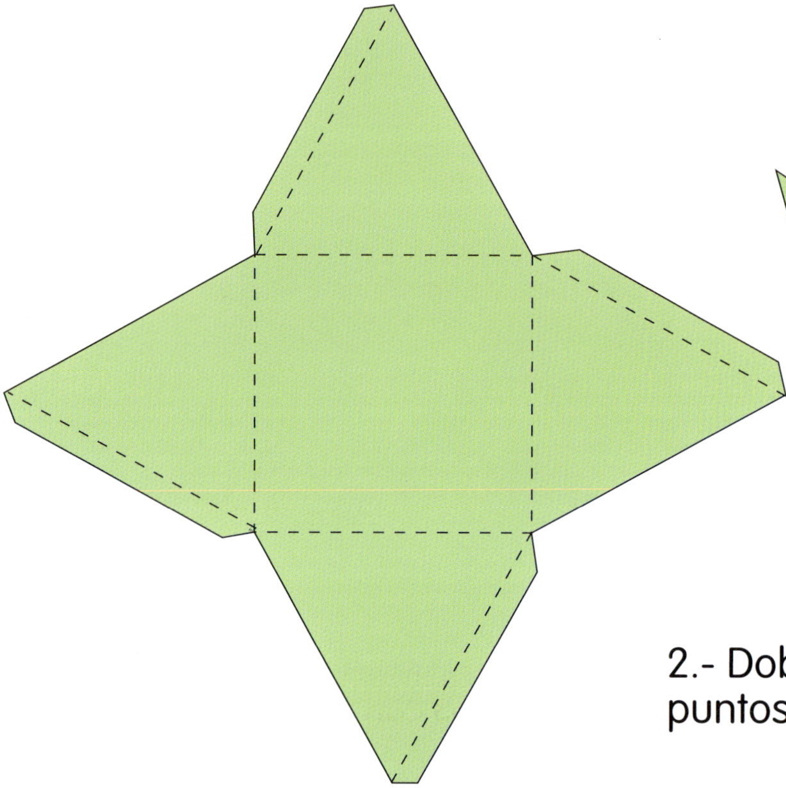

1.- Dibujamos y cortamos la figura.

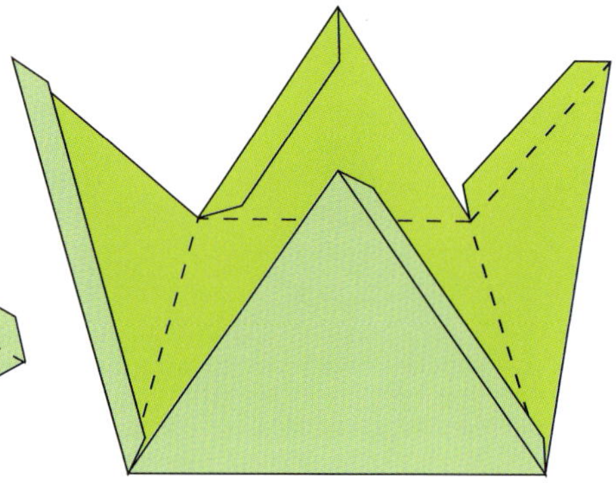

2.- Doblamos por la línea de puntos.

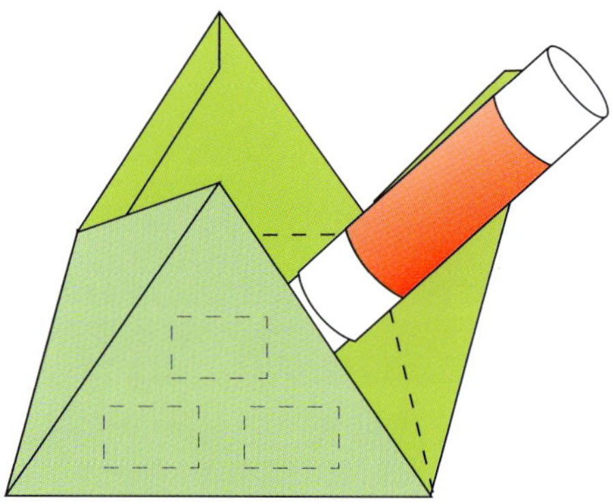

3.- Juntamos los lados pegando bien las pestañas.

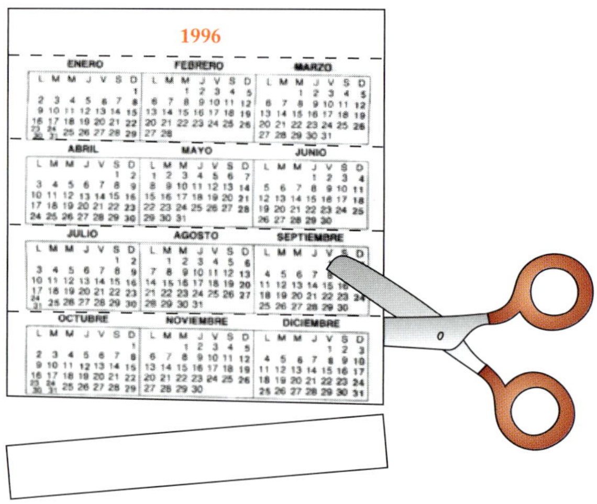

4.- Recortamos de un calendario los doce meses.

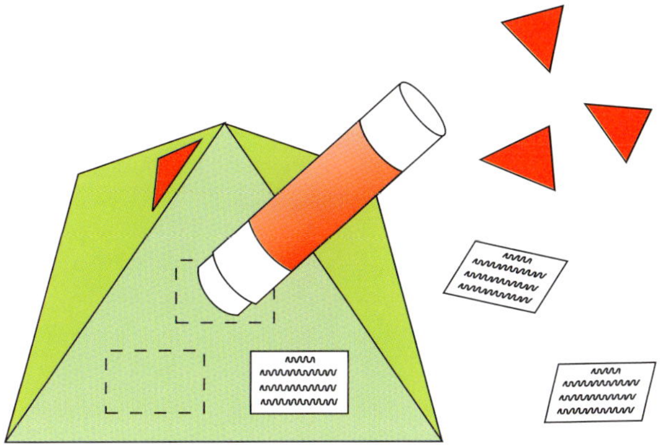

5.- Recortamos cuatro triángulos de otro color.

6.- Pegamos los meses y los triángulos como se ve en el dibujo.

Rompecabezas

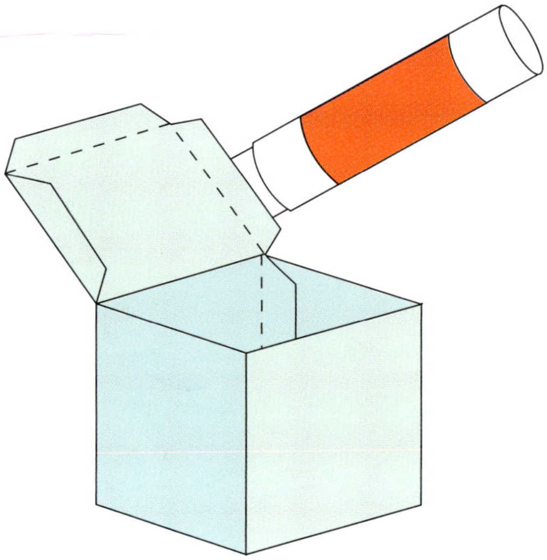

1.- Hacemos 4 cubos iguales que tengan 4 cm de lado. (Fíjate en cómo se hace el «Dado»).

2.- Cortamos 6 láminas que midan 8x8 cm y las dividimos en cuatro partes iguales.

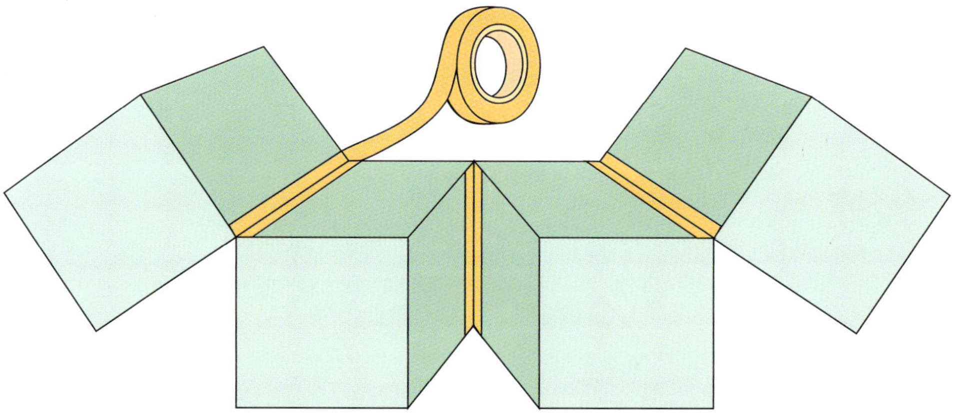

3.- Unimos los cuatro cubos con cinta adhesiva del modo que muestra el dibujo.

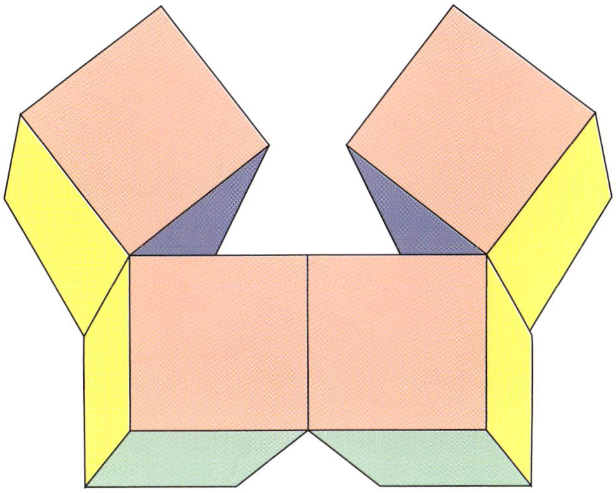

4.- Los colores de los cubos equivalen a las distintas láminas que vamos a pegar.

5.- Pegamos las láminas haciendo coincidir las cuatro caras y así sucesivamente con todas.

Caja decorada

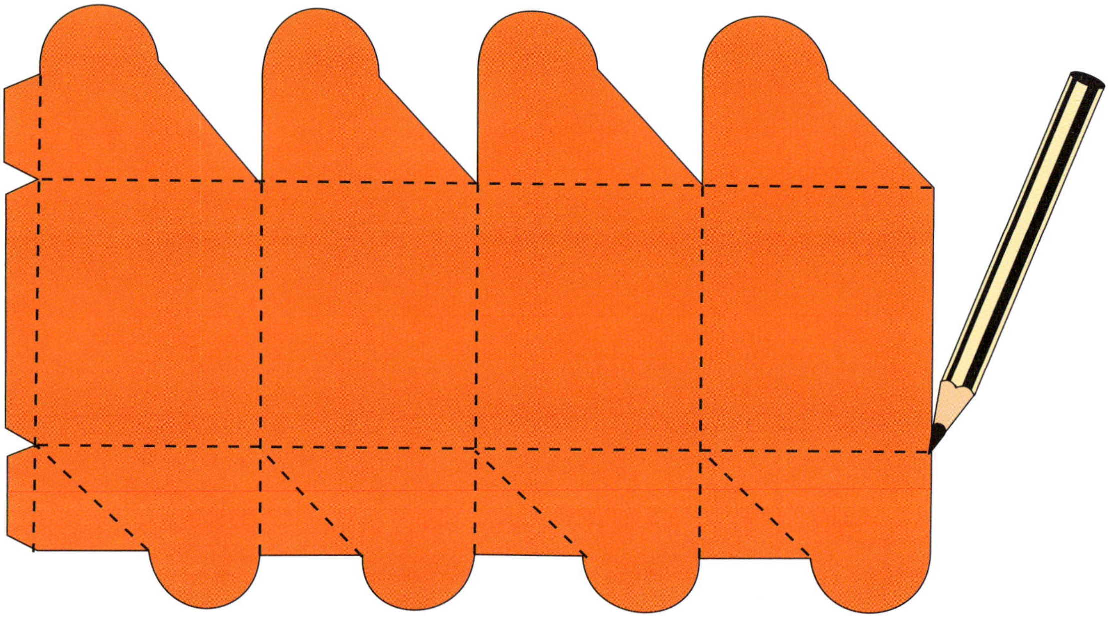

1.- Dibujamos esta figura sobre una cartulina y la recortamos.

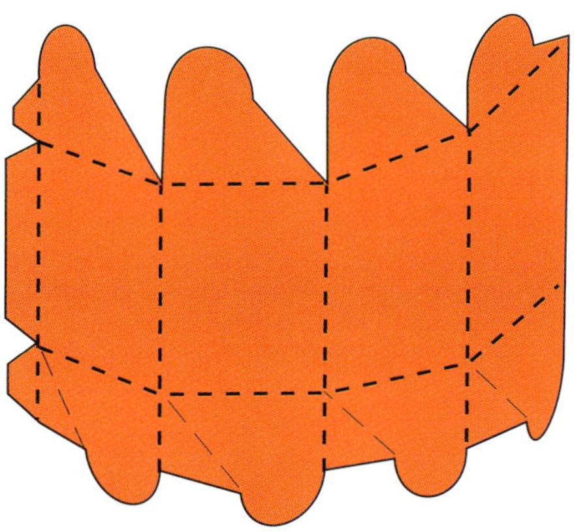

2.- Doblamos la caja por la línea de puntos.

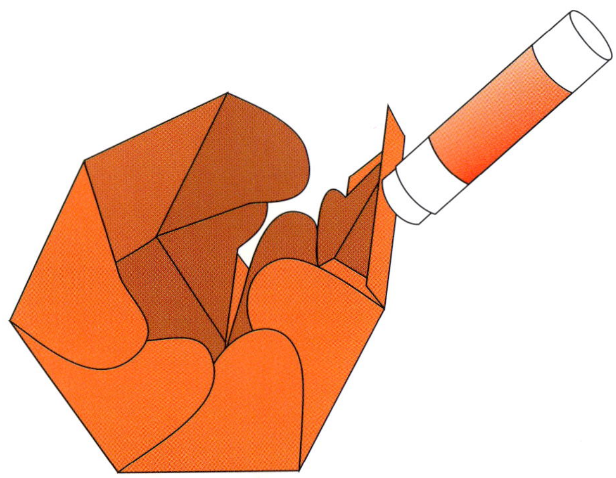

3.- Damos forma a la caja y pegamos las pestañas.

4.- Recortamos una flor y la pegamos a un lado de la caja.

5.- Pegamos también la mariposa con sus adornos.

Caja león

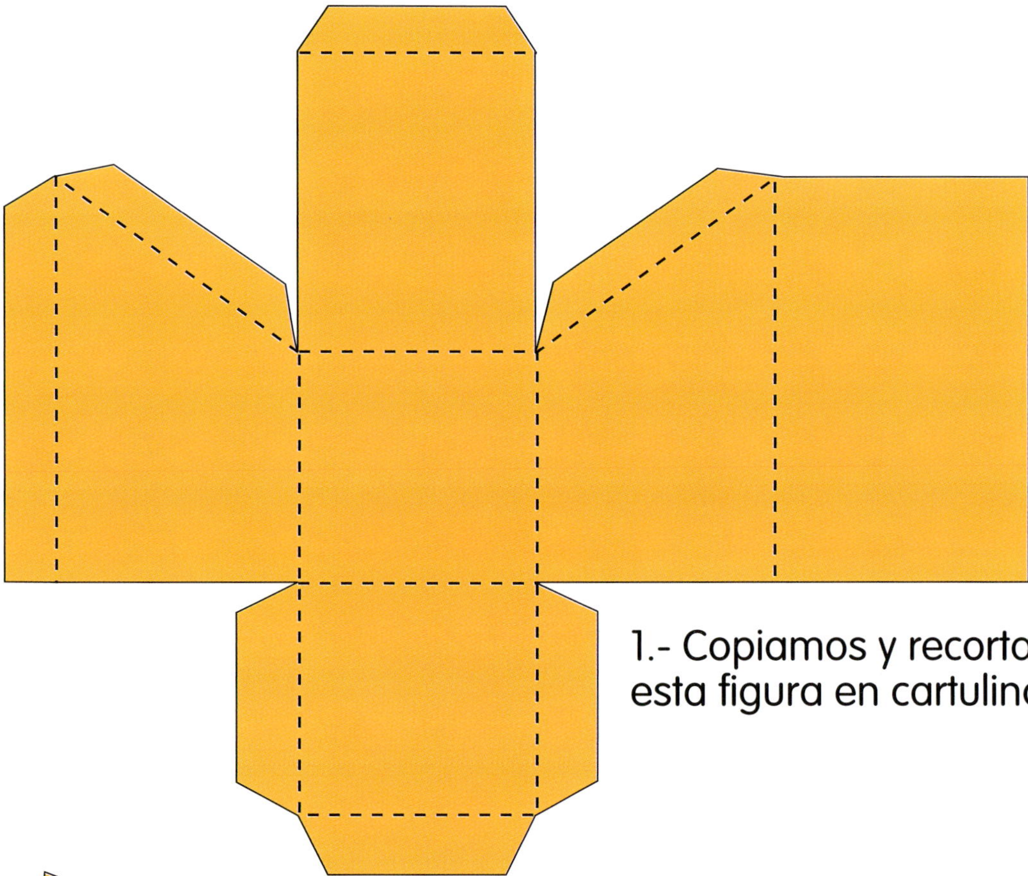

1.- Copiamos y recortamos esta figura en cartulina.

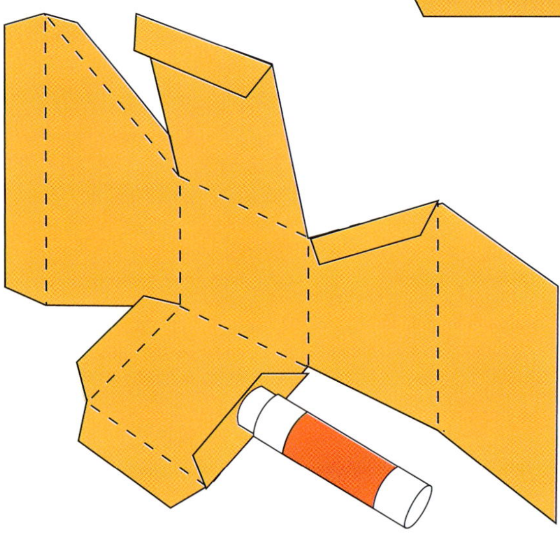

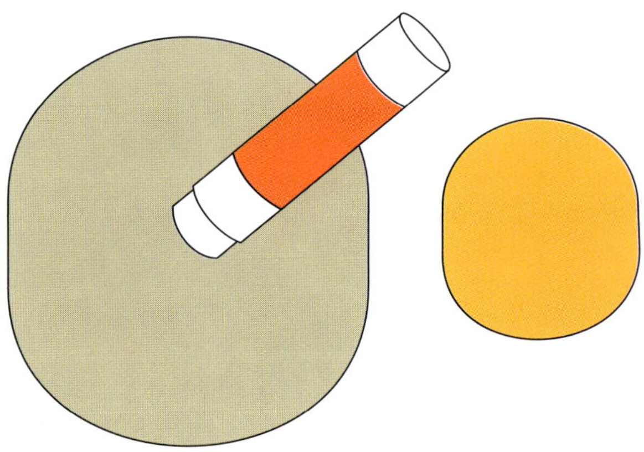

2.- Doblamos por las líneas de puntos y pegamos la base a los lados.

3.- Copiamos y recortamos estas dos piezas. Las pegamos una sobre otra para hacer la cara.

4.- Copiamos y recortamos el resto de las piezas: hocico, ojos y orejas.

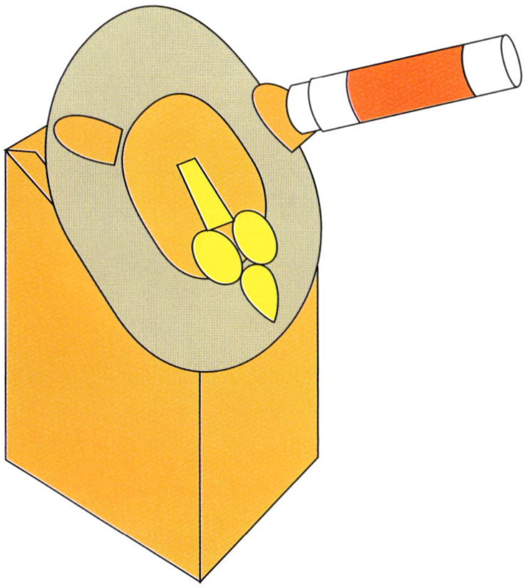

5.- Cuando terminemos la cara, la pegamos sobre la tapa de la caja.

Cesta

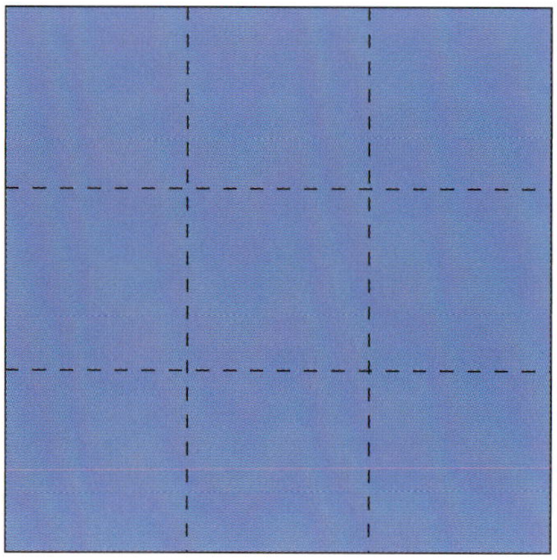

1.- Recortamos un cuadrado de 21x21 cm. Lo dividimos en nueve cuadros iguales de 7x7 cm.

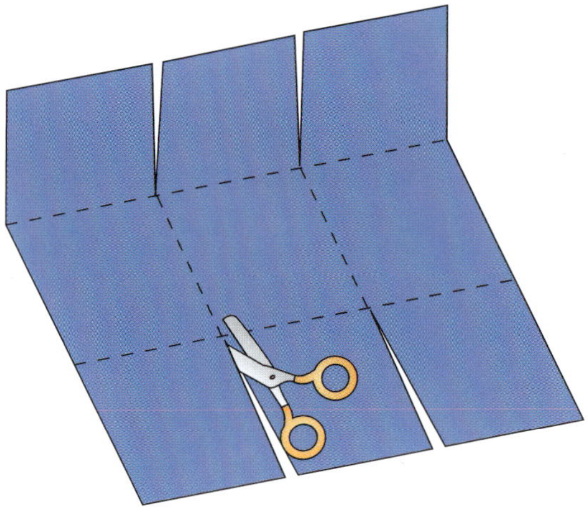

2.- Hacemos unos cortes siguiendo las líneas de puntos como muestra el dibujo.

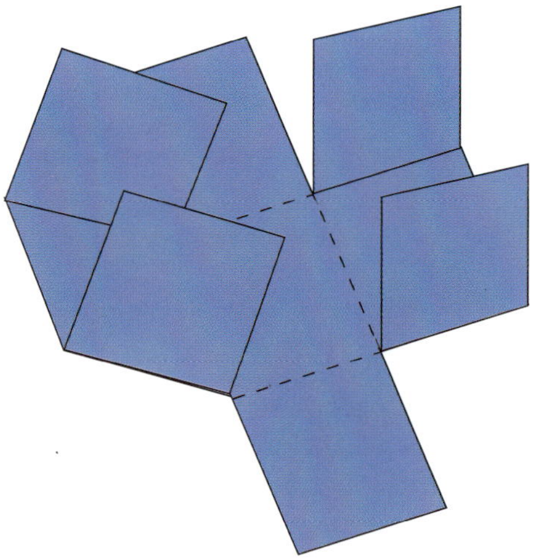

3.- A continuación hacemos dobleces siguiendo las líneas de puntos.

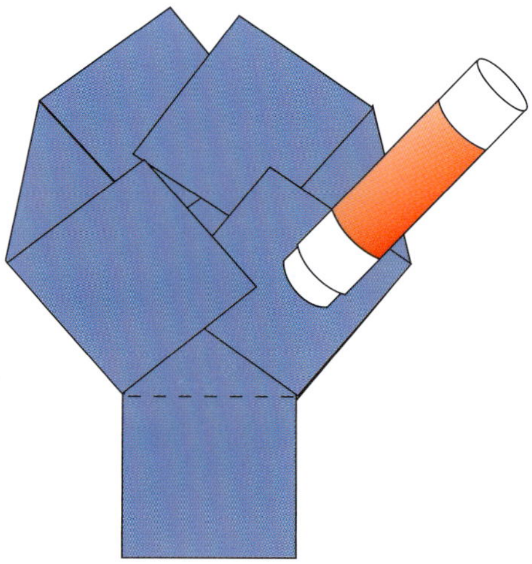

4.- Hacemos la forma de la cesta y pegamos los laterales, como aquí se muestra.

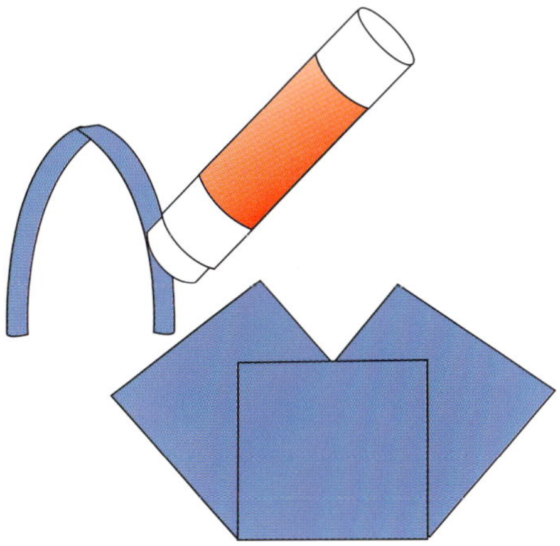

5.- Cortamos una tira de 27 cm de larga por 1,5 cm de ancha y la pegamos por dentro.

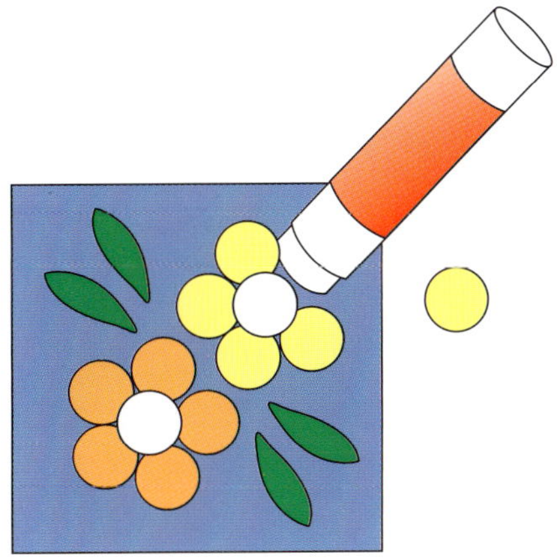

6.- Por último recortamos y pegamos algunas flores como adorno.

Caja elefante

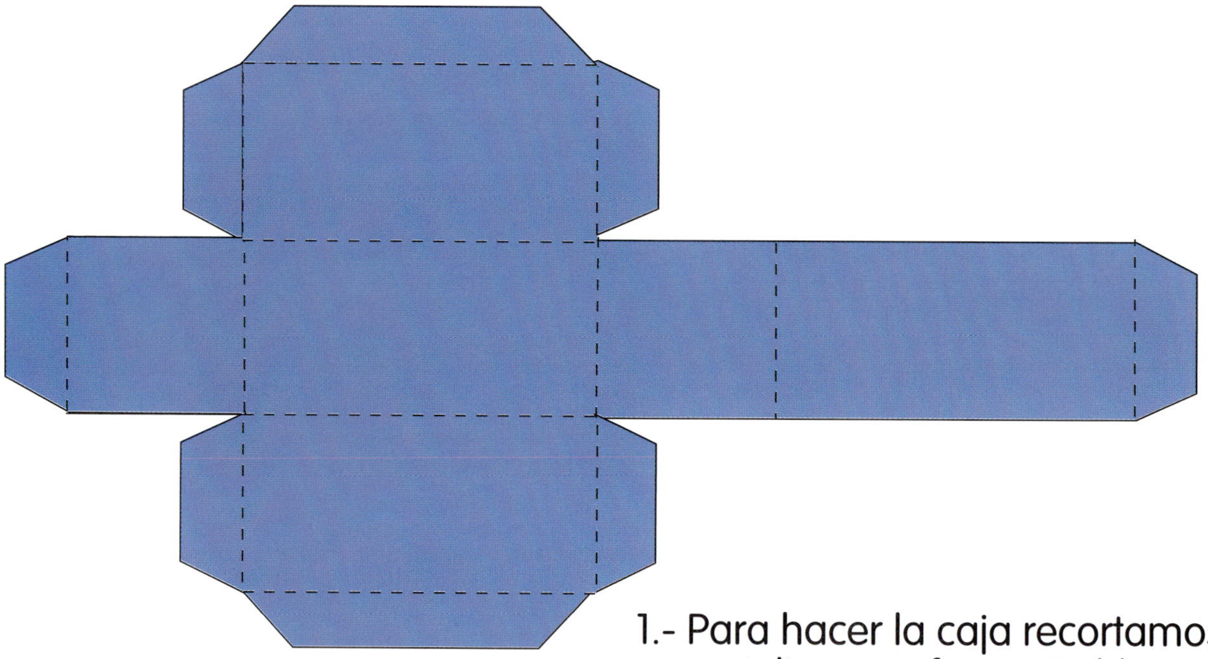

1.- Para hacer la caja recortamos en cartulina esta figura. Doblamos por la línea de puntos y pegamos.

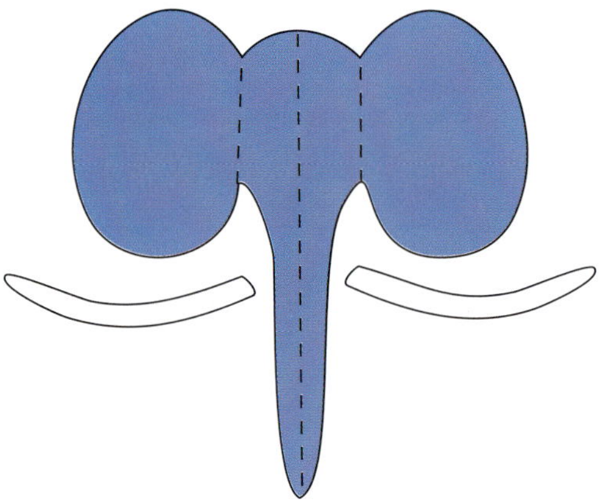

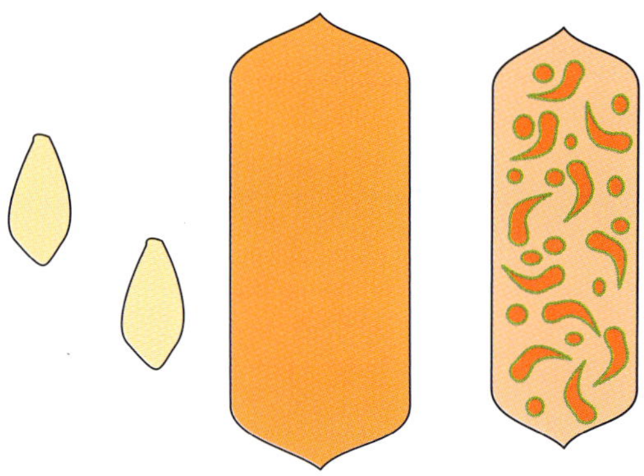

2.- Copiamos y recortamos esta figura. Doblamos por la línea de puntos.

3.- Para hacer el tapiz de adorno, copiamos y pegamos estas piezas, una sobre otra.

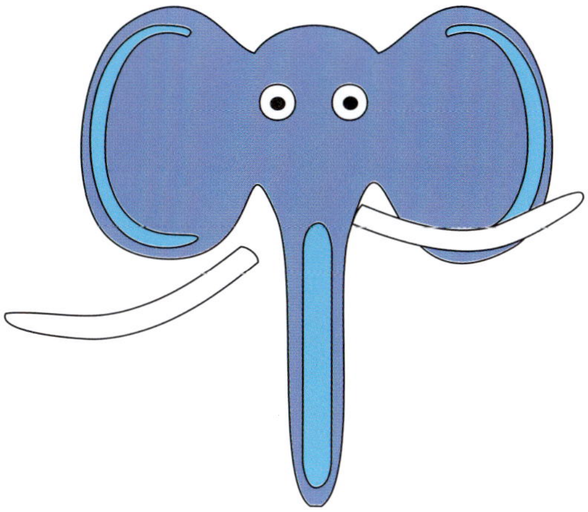

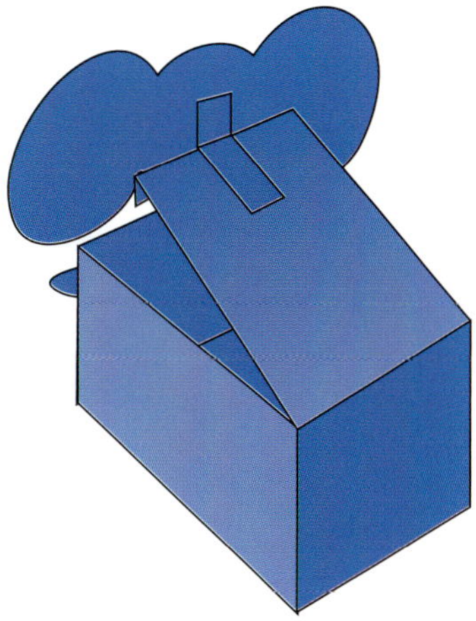

4.- Recortamos y pegamos los ojos, colmillos y los detalles de orejas y trompa.

5.- Para terminar, pegamos la cabeza de elefante a la tapa de la caja.

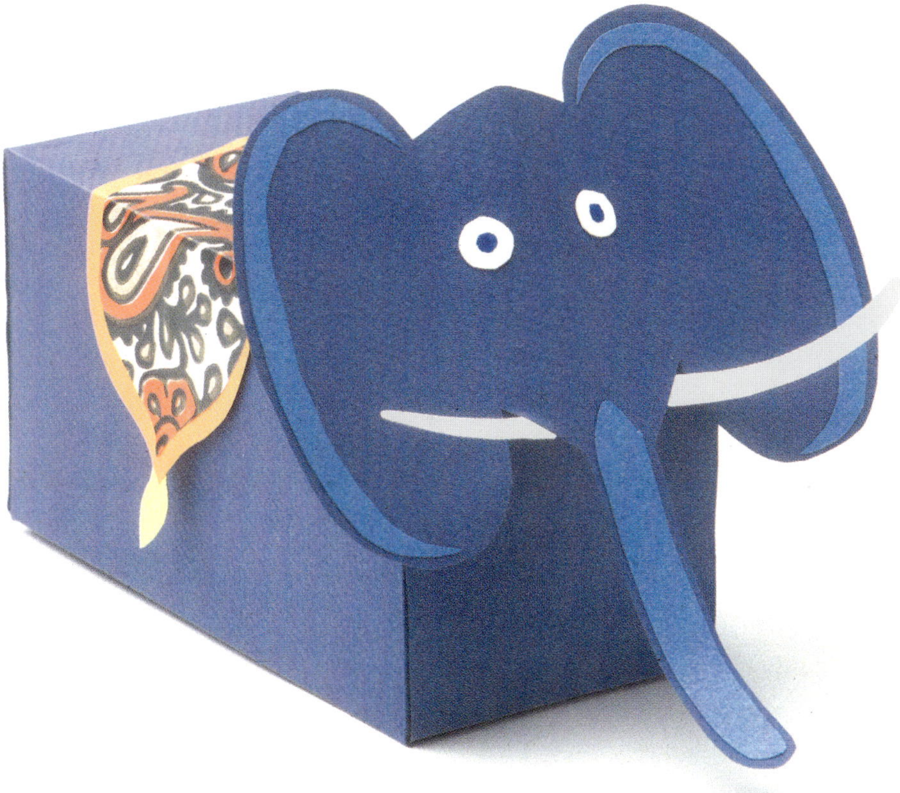

Caja pato

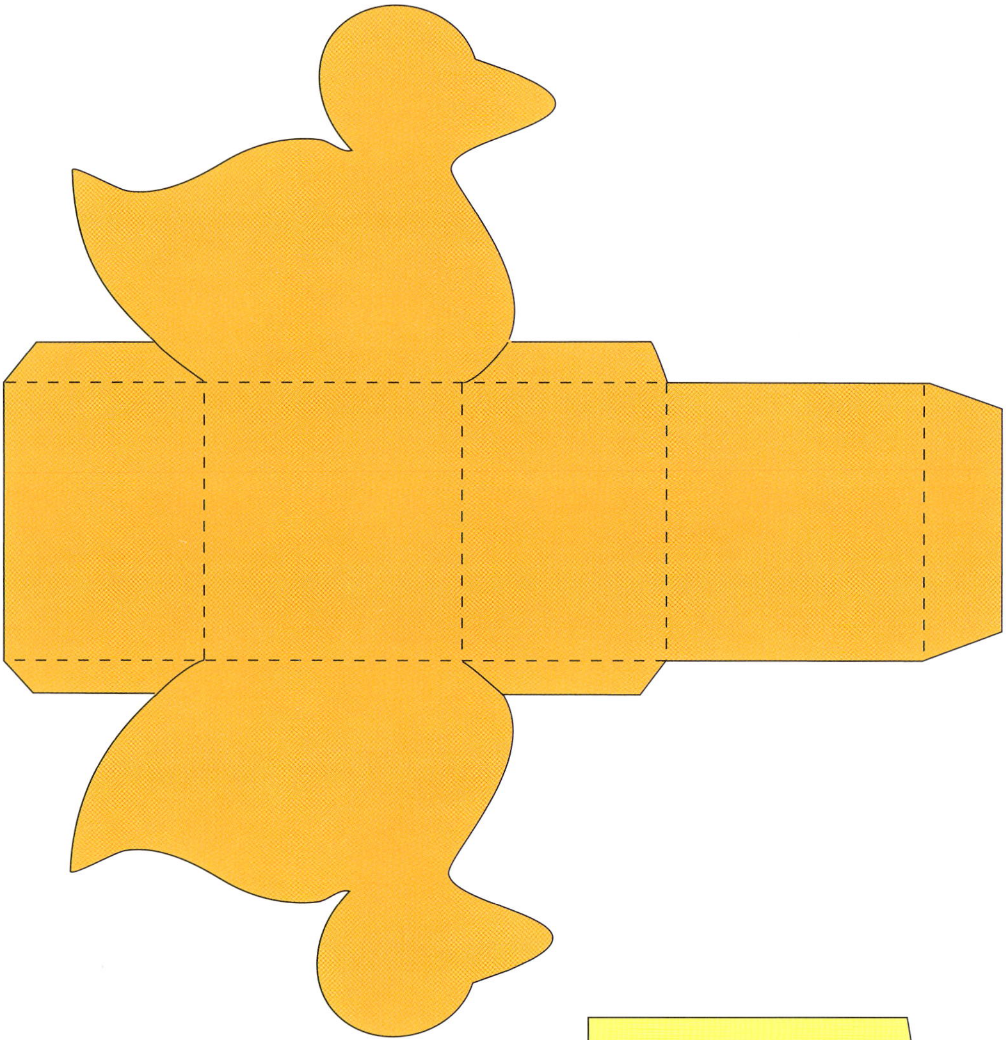

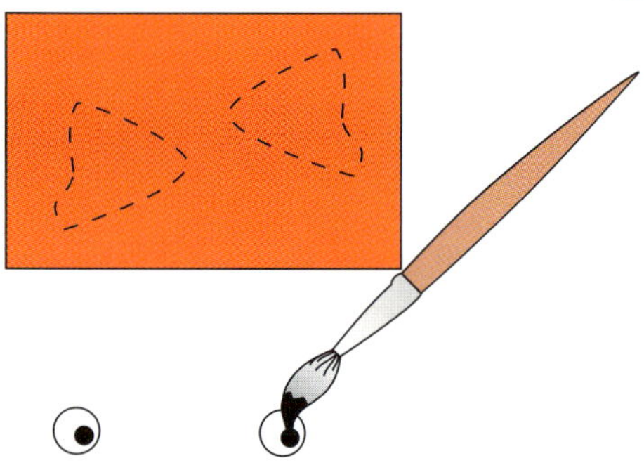

1.- Dibujamos y recortamos la caja y el resto de las piezas.

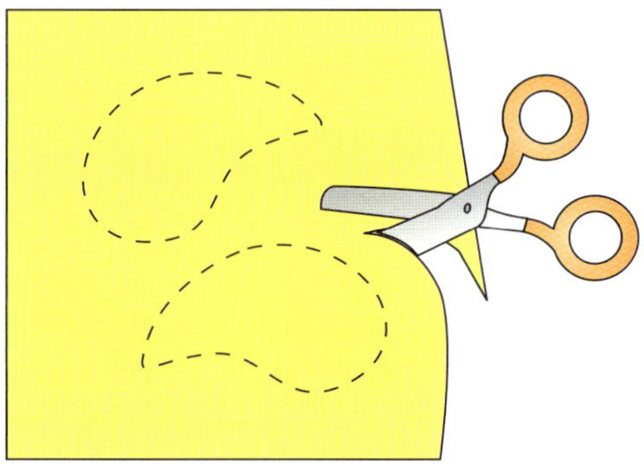

2.- Recortamos los pequeños detalles: ojos, picos y alas.

3.- Armamos la caja doblando por las líneas de puntos y la pegamos.

4.- Se termina pegando los detalles: alas, picos y ojos.

Caja redonda

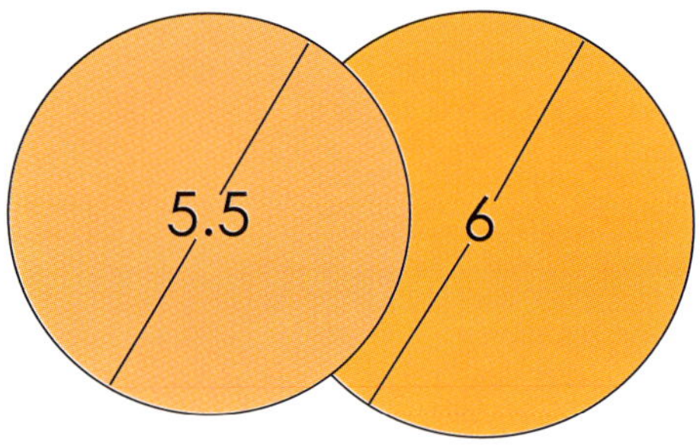

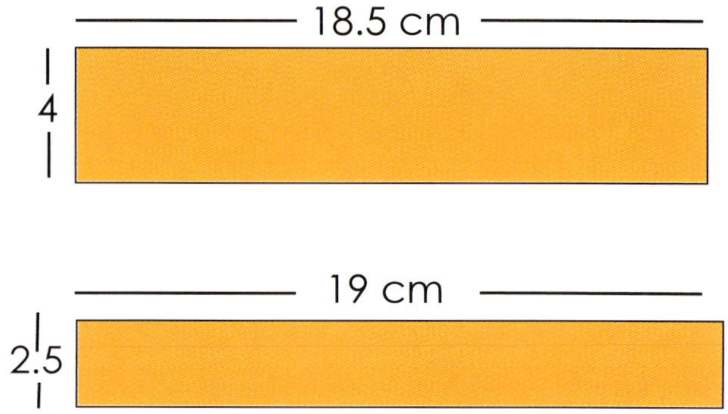

1.- Recortamos dos círculos de cartulina de la medida que se indica (en centímetros).

2.- Luego recortamos dos tiras con la medida que se especifica en el dibujo.

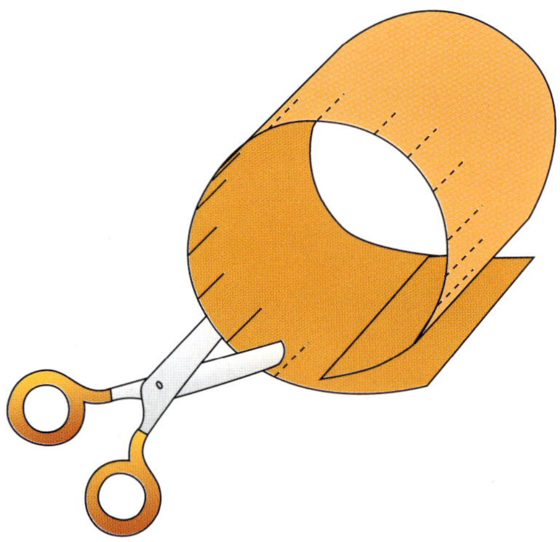

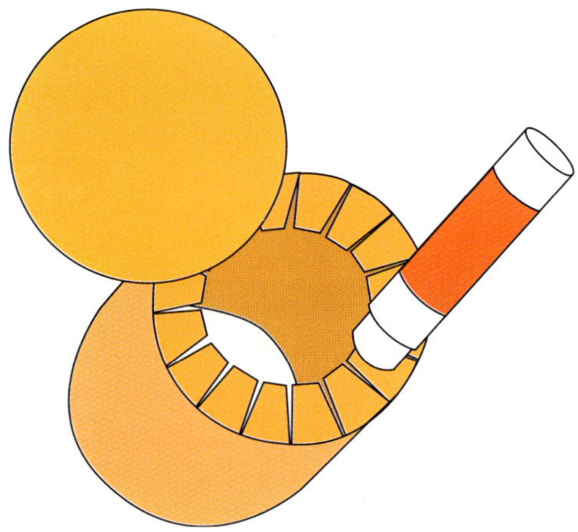

3.- Enrollamos la tira mayor, pegamos los extremos y damos unos cortes con la tijera.

4.- Doblamos las pestañas y pegamos encima el círculo menor. Hacemos igual la tapa.

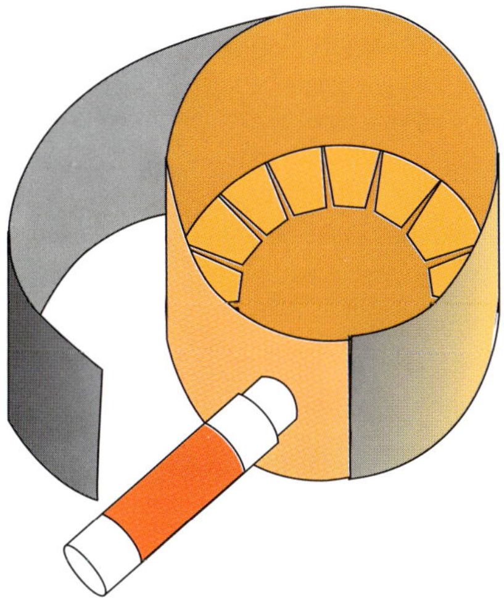

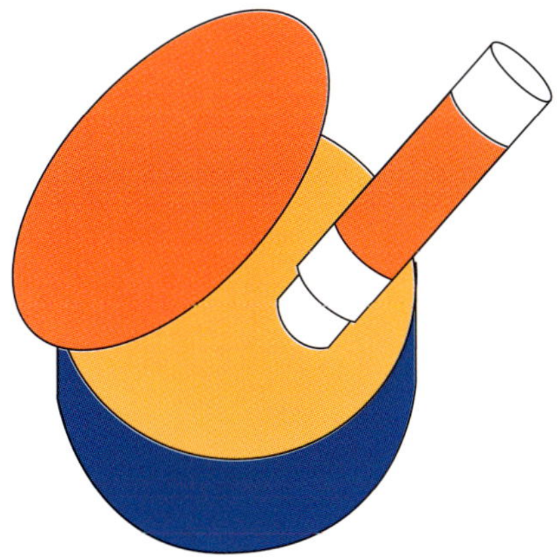

5.- Forramos con una tira de fieltro adhesivo el lado, alrededor de la caja.

6.- A continuación forramos también la tapa de la caja, el lado y la parte superior.

7.- Para terminar, añadimos sobre la tapa algunos adornos, en este caso luna y estrellas.

Pompones

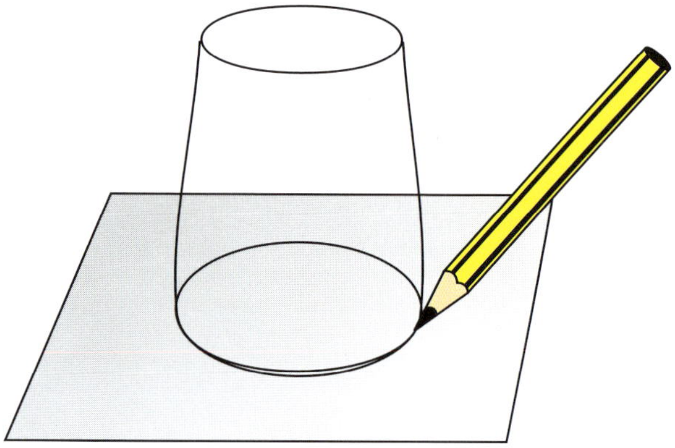

1.- Utilizando un vaso dibujamos un círculo sobre una cartulina fuerte o cartón.

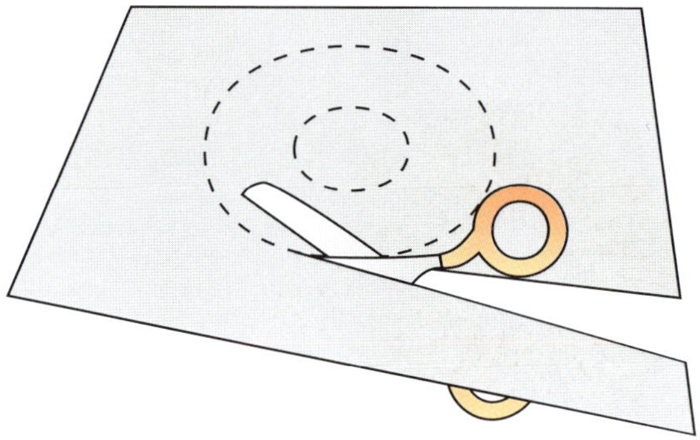

2.- Dentro del círculo, dibujamos otro más pequeño con una moneda. Recortamos.

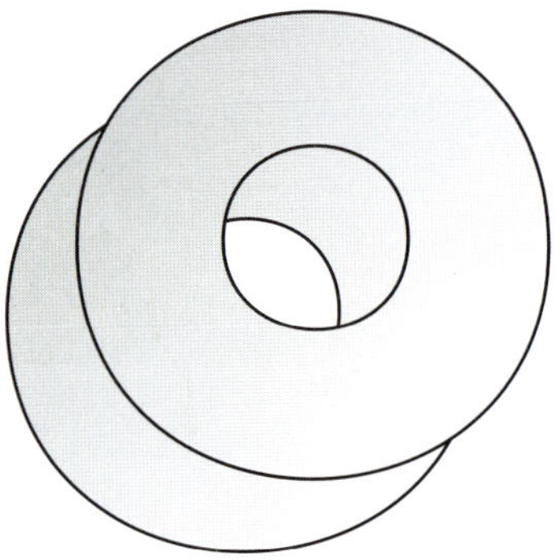

3.- Hacemos otra arandela igual copiándola de la que hemos obtenido.

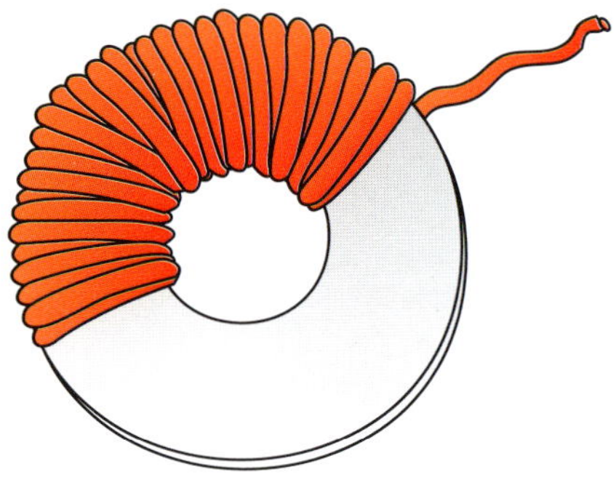

4.- Cortamos varias hebras de lana iguales y cubrimos las dos arandelas juntas.

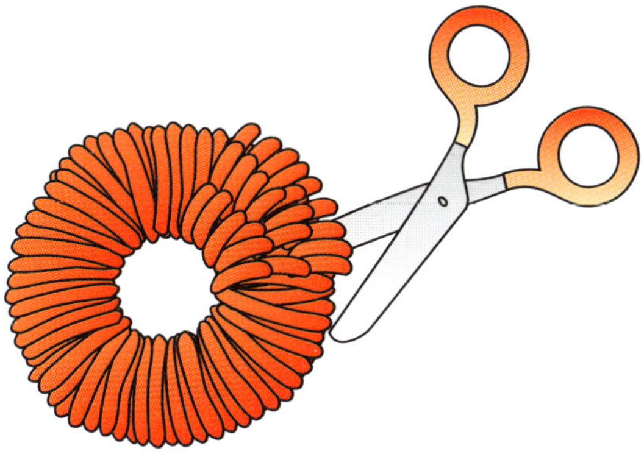

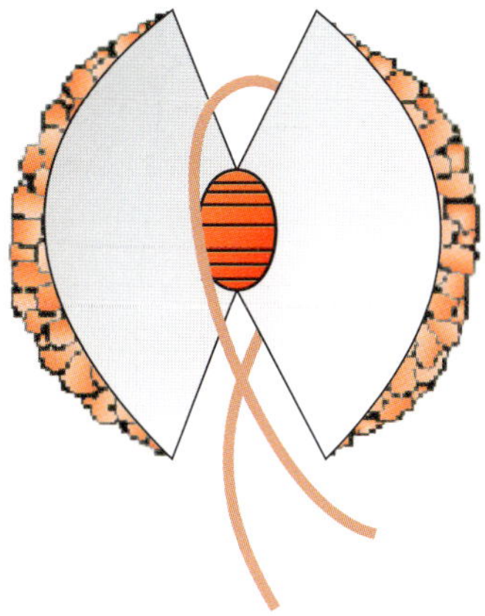

5.- Cuando el agujero central casi ha desaparecido, cortamos las hebras por el borde.

6.- Lo atamos entre las arandelas con un nudo fuerte. Sacamos las arandelas con cuidado. Y ya está.

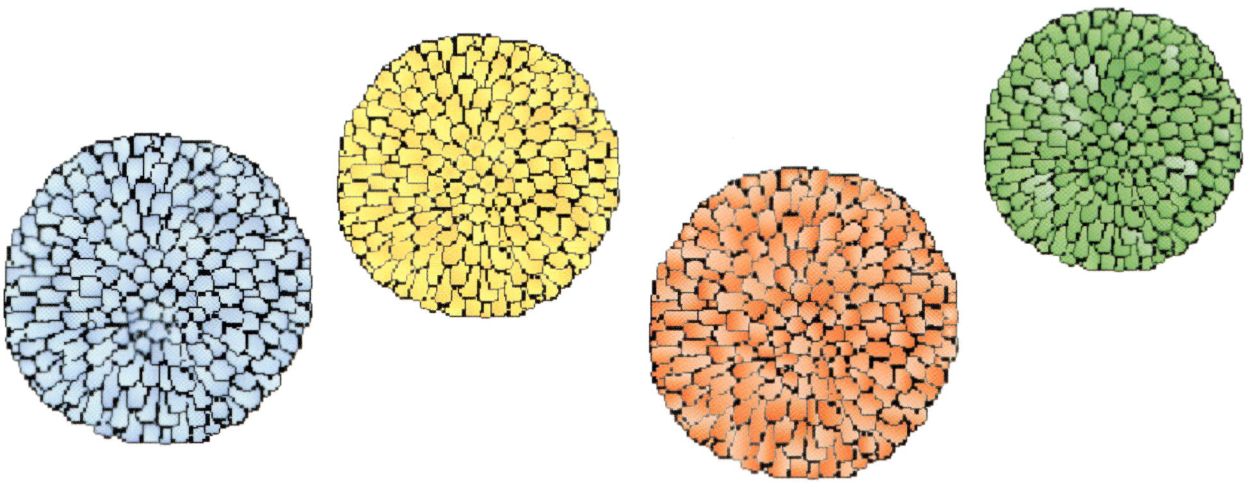

Conejo

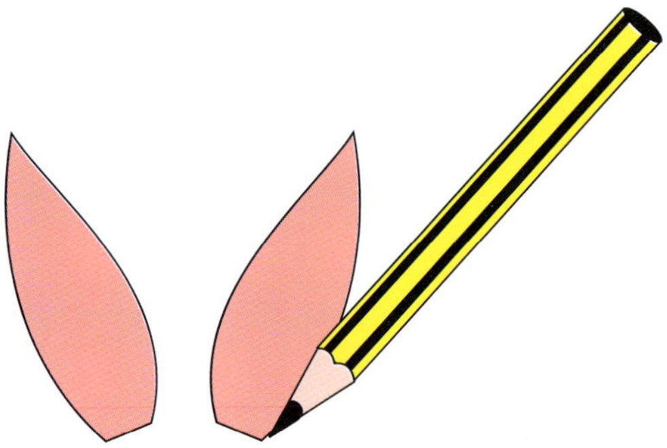

1.- Dibujamos las orejas y las patas como aquí se muestra.

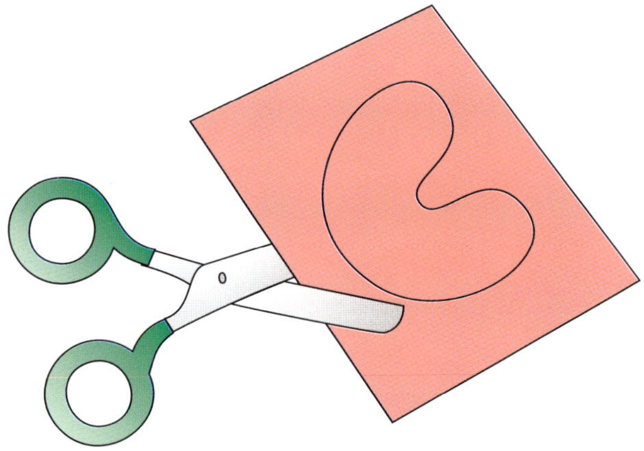

2.- Recortamos las piezas con cuidado.

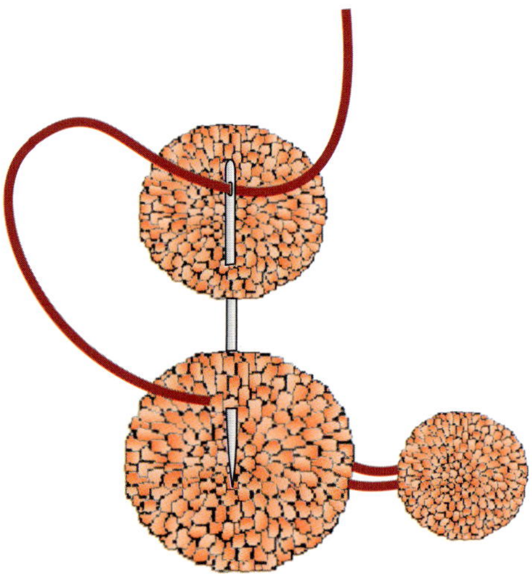

3.- Hacemos tres pompones de distintos tamaños y los cosemos.

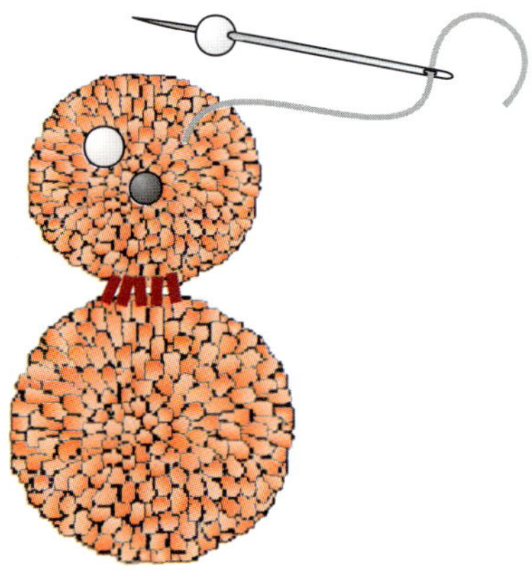

4.- Cosemos tres bolas de collar para hacer los ojos y el hocico.

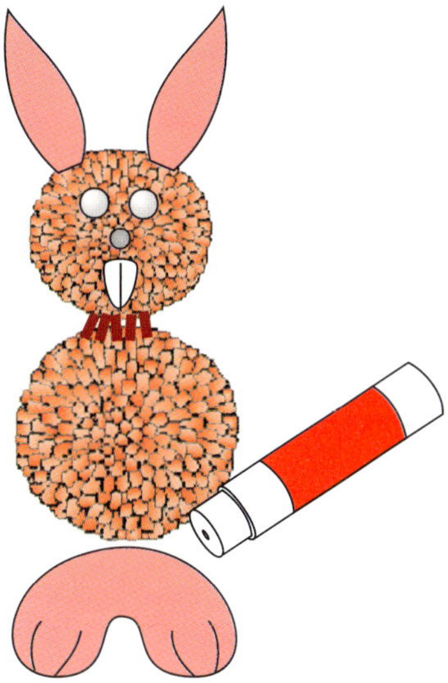

5.- Pegamos las orejas, hundiéndolas un poco en el pompón.

6.- Para terminar pegamos los dientes y luego las patas.

Pollito

1.- Copiamos las piezas que forman el pico y las patas.

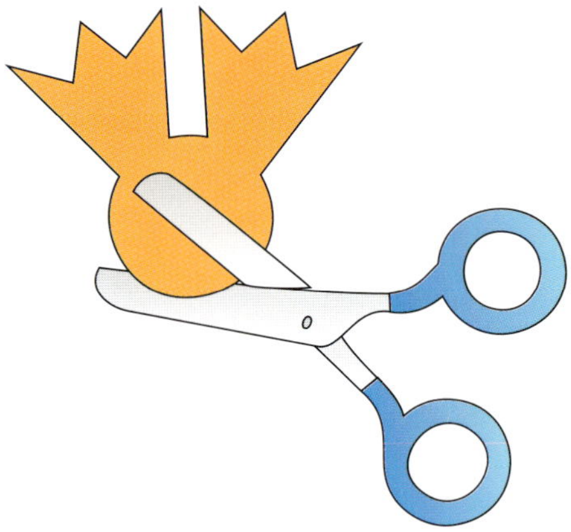

2.- Recortamos con cuidado las piezas.

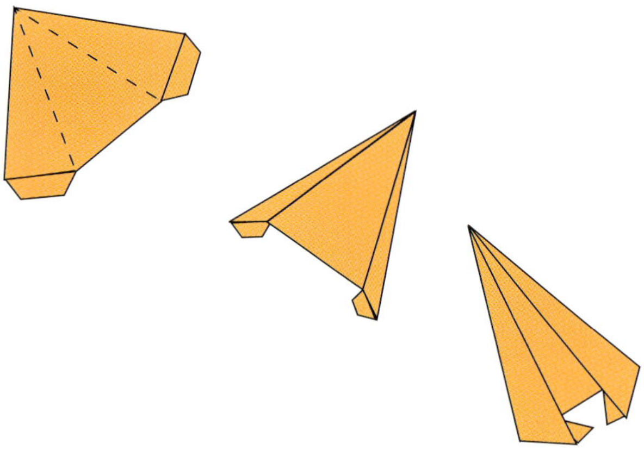

3.- Doblamos por la línea de puntos.

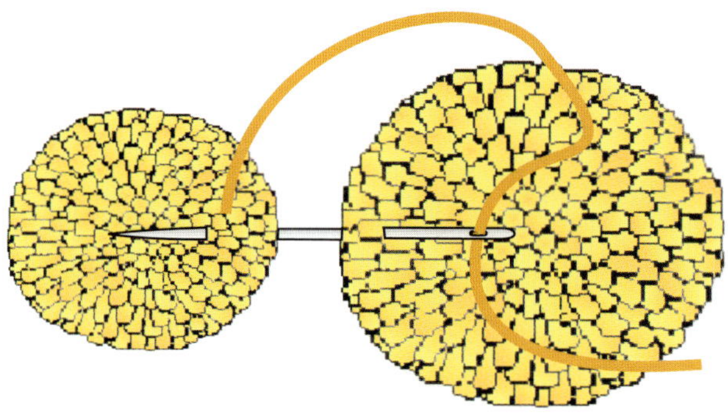

4.- Hacemos dos pompones de distinto tamaño y los cosemos.

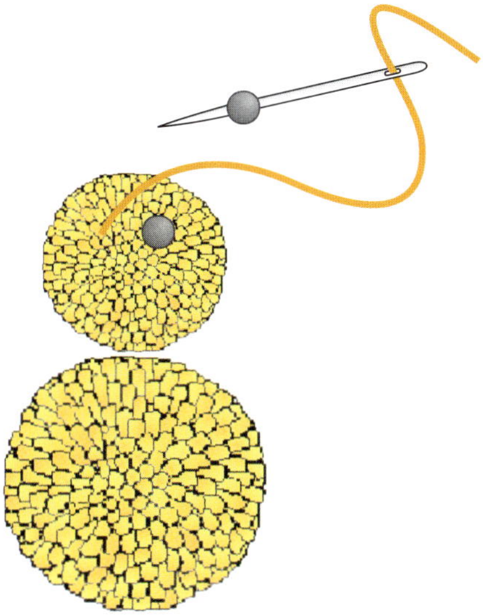

5.- Cosemos dos bolas de collar para hacer los ojos.

6.- Por último pegamos el pico y las patas.

Ratón

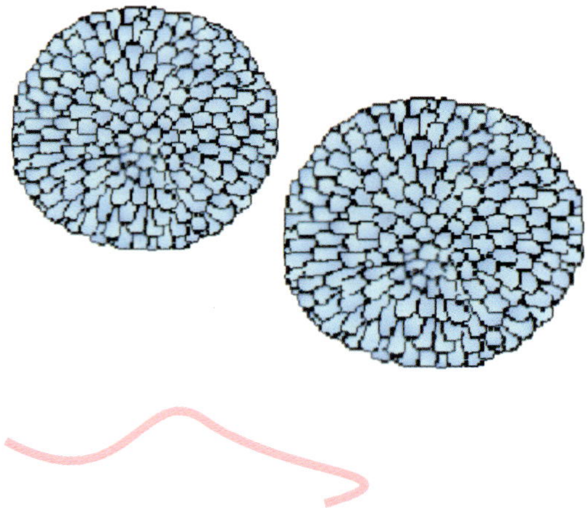

1.- Hacemos dos pompones y un cordón para el rabo.

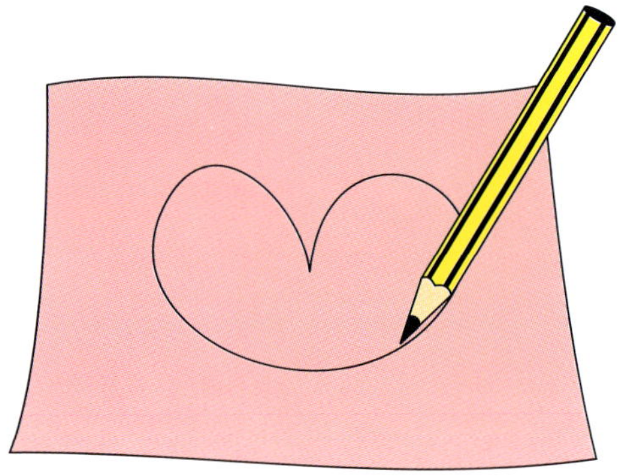

2.- Dibujamos las dos orejas sobre fieltro.

3.- Las recortamos y hacemos dos pompones de diferente tamaño.

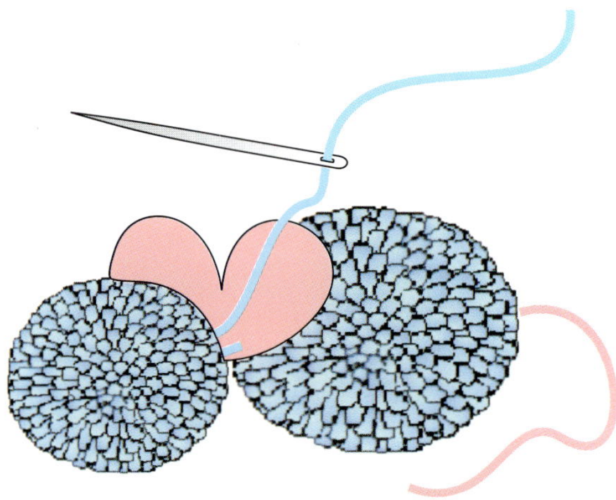

4.- Cosemos las orejas entre los dos pompones y luego el rabo.

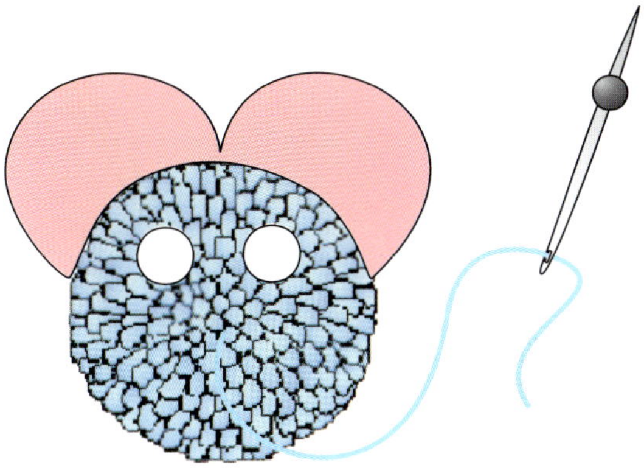

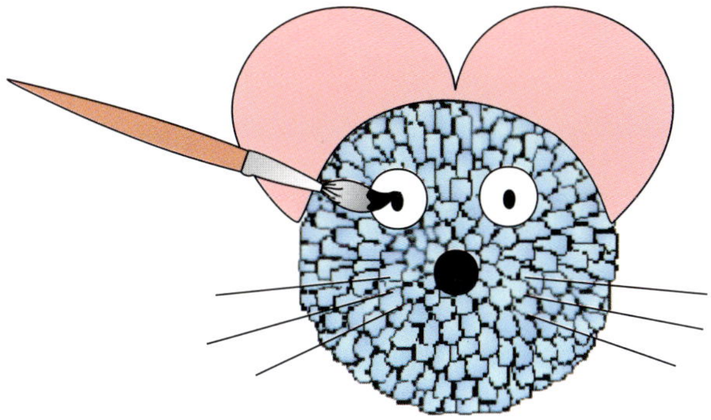

5.- Tres bolas de collar serán los ojos y el hocico.

6.- Hacemos los bigotes con alambre fino y pintamos los ojos.

Serpiente

1.- Hacemos ocho pompones, el más grande para la cabeza.

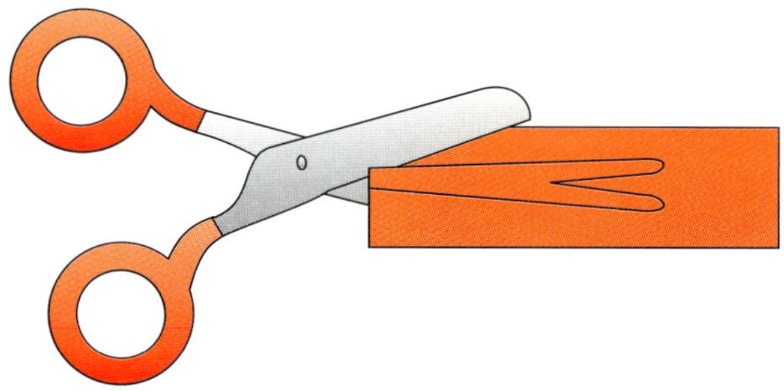

2.- En fieltro rojo copiamos y recortamos la lengua.

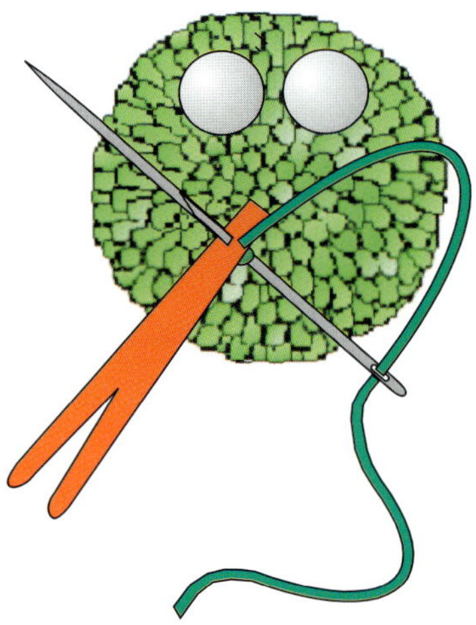

3.- Cosemos dos bolas para los ojos y luego la lengua.

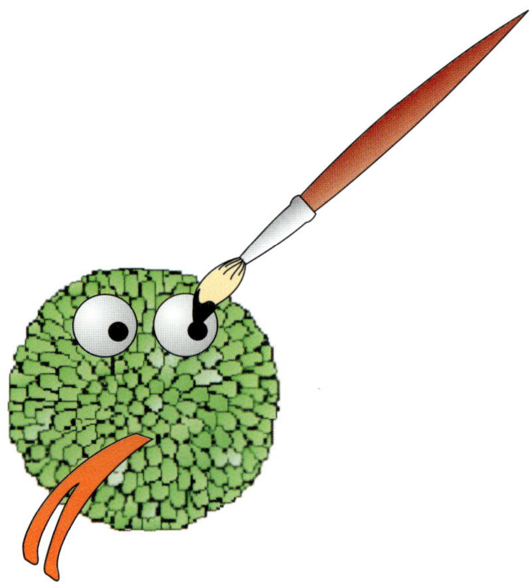

4.- Pintamos con un pincel muy fino los ojos.

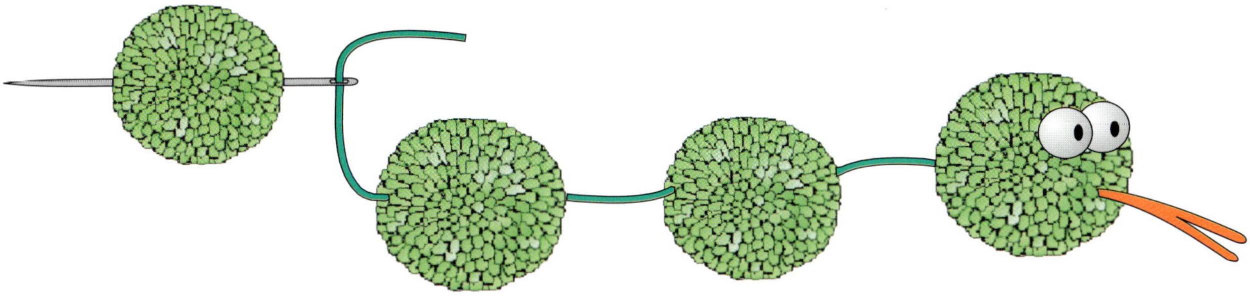

5.- Con una aguja y una hebra de lana larga, cosemos los pompones en fila, rematándolo al final.

Búho

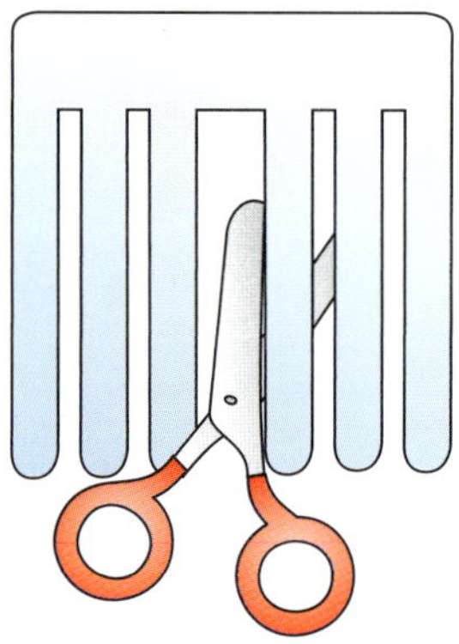

1.- Para hacer las patas copiamos este dibujo y lo recortamos.

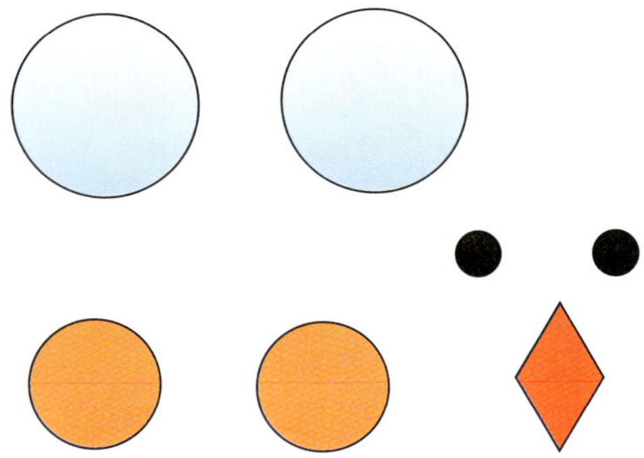

2.- Luego copiamos y recortamos los ojos y el pico.

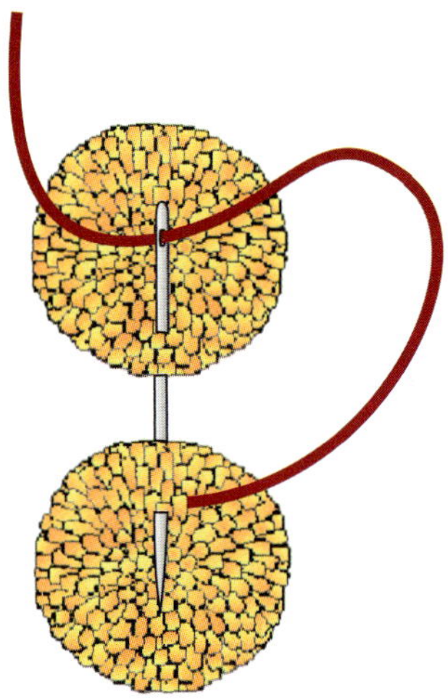

3.- Hacemos dos pompones y los cosemos uno a otro.

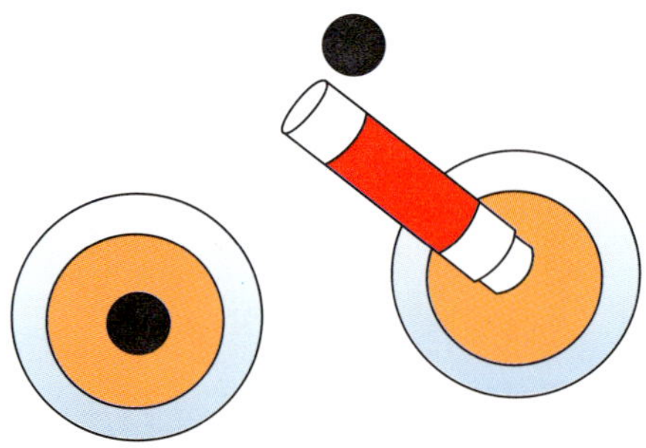

4.- Montamos todas las piezas que forman los ojos.

5.- Pegamos a la cabeza los ojos y el pico.

6.- Por último, pegamos las patas, que hacen de base.

Gato y perro

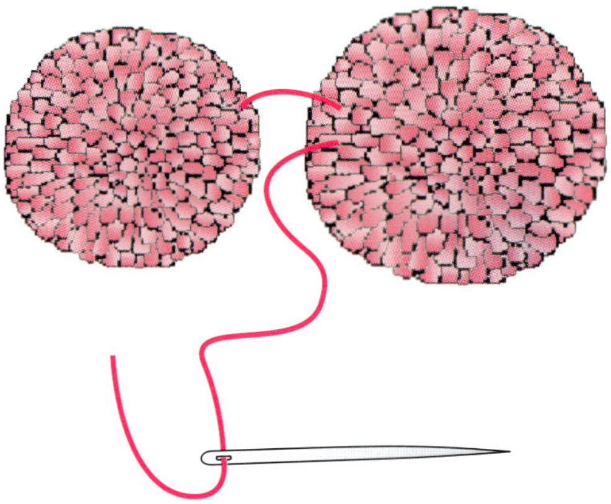

1.- Para el gato y el perro hacemos dos pompones y los unimos cosiéndolos.

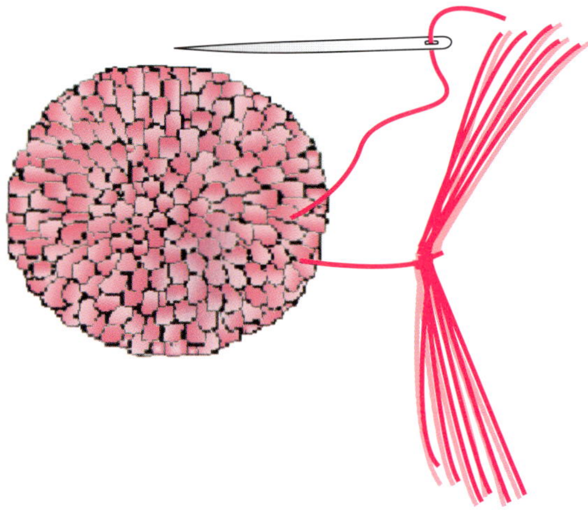

2.- Cortamos varias hebras de lana y las cosemos al cuerpo: será el rabo.

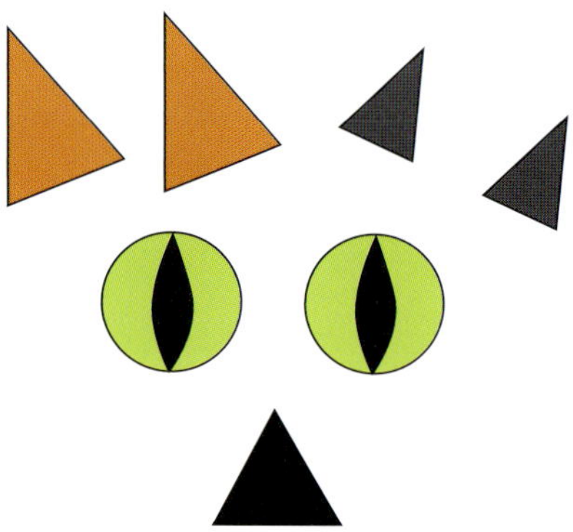

3.- En cartulina o fieltro recortamos las orejas, el hocico y los ojos del gato.

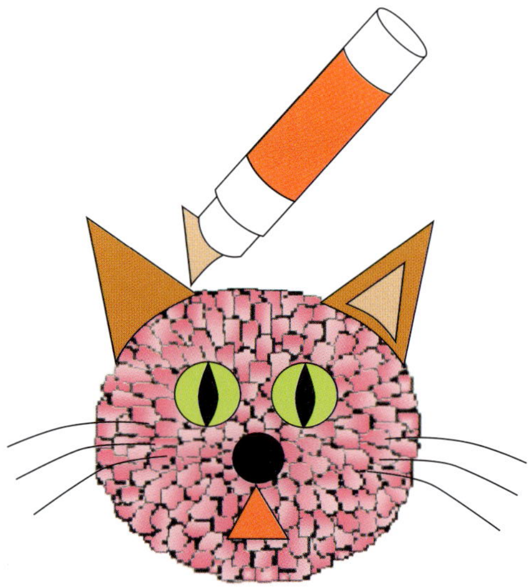

4.- Una vez recortados los pegamos a la cabeza como se ve en el dibujo.

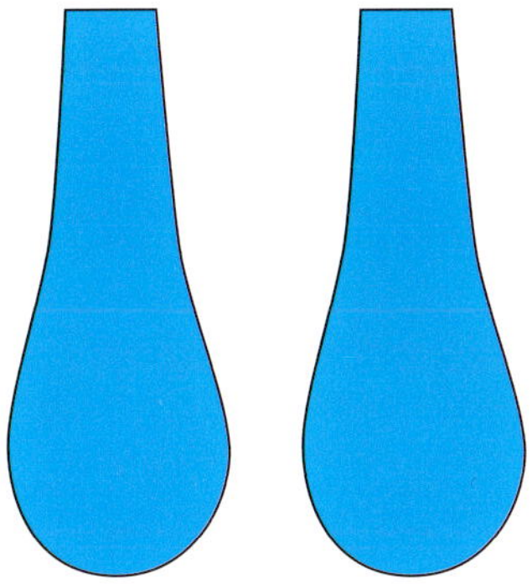

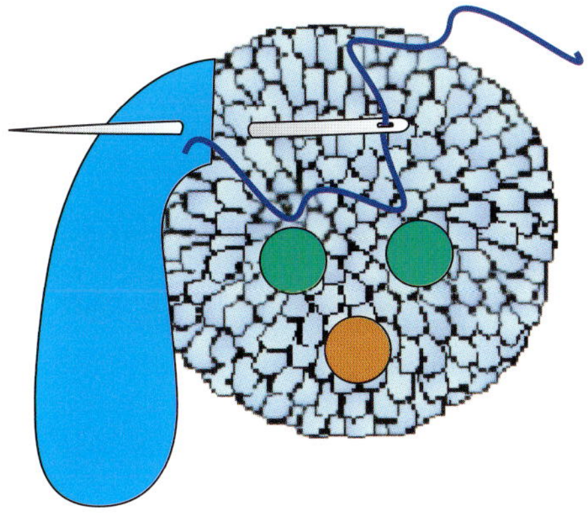

5.- Las orejas del perro las recortamos en fieltro copiando el dibujo.

6.- Cosemos las orejas y, con bolas, hacemos ojos y hocico.

Avión y barca

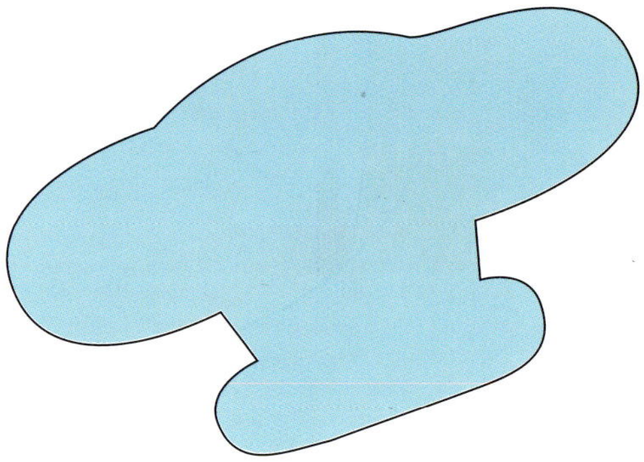

1.- Copiamos la base del avión sobre cartulina y la recortamos.

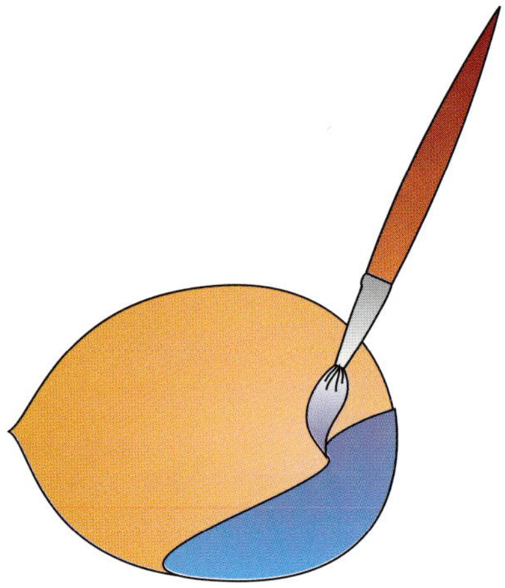

2.- Partimos una nuez, sin romper la cáscara, y la pintamos.

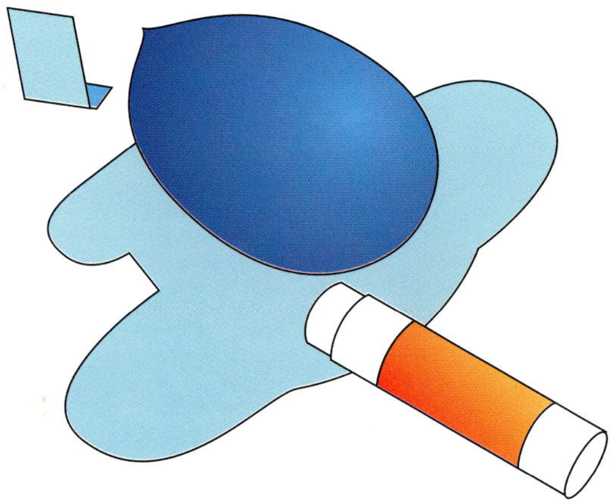

3.- Pegamos la base del avión bajo la cáscara y encima la cola.

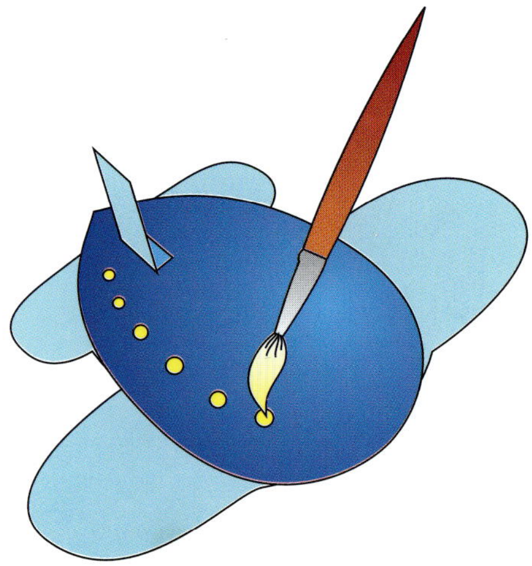

4.- Con un pincel pintamos las ventanitas y la cabina.

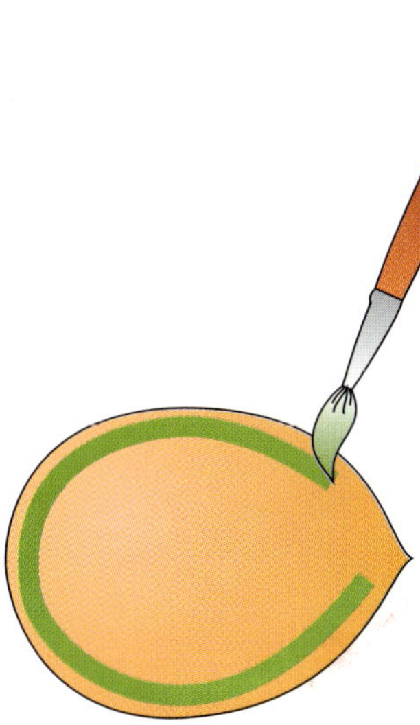

5.- Para la barca pintamos una banda bordeando la cáscara.

6.- Rellenamos con miga de pan el fondo y colocamos las piezas.

Rana y mariquita

1.- Copiamos y recortamos la base de la mariquita.

2.- Hacemos lo mismo con la base de la rana.

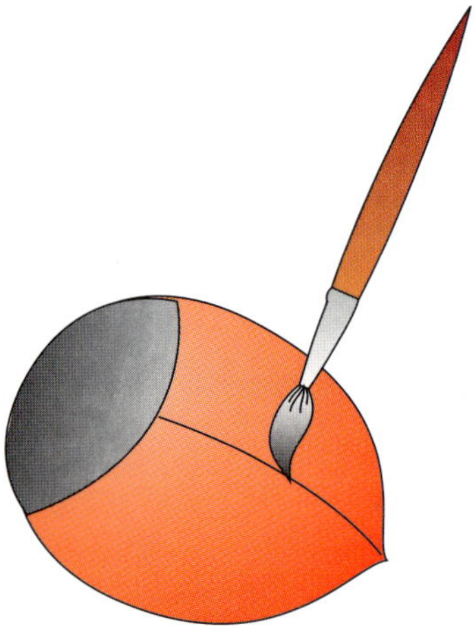

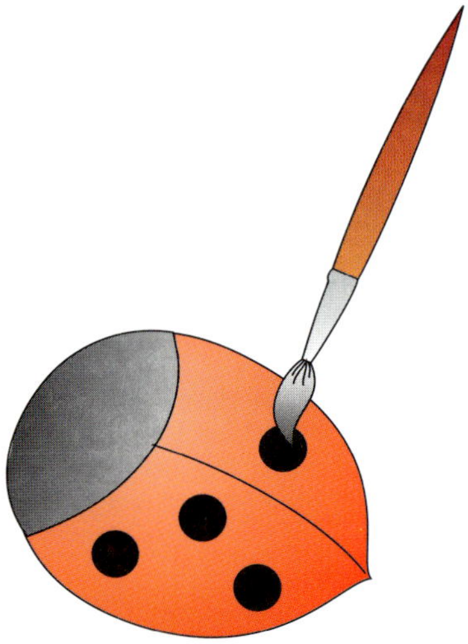

3.- Pintamos una cáscara de nuez de rojo para la mariquita.

4.- Luego la decoramos con sus puntitos negros y los ojos.

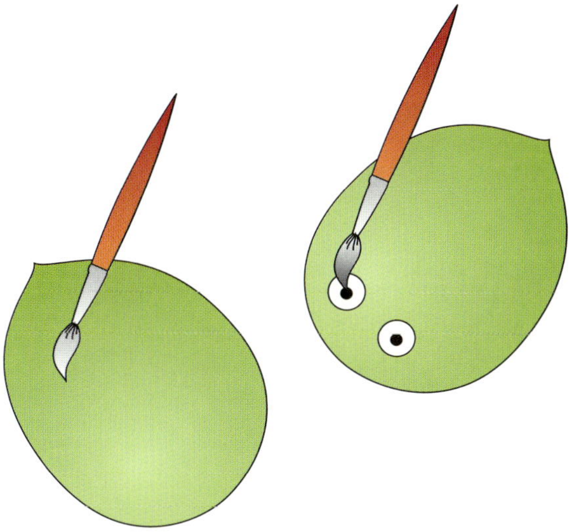

5.- Para hacer la rana pintamos la cáscara de verde.

6.- Al final pegamos las bases a la mariquita y a la rana.

Tortuga

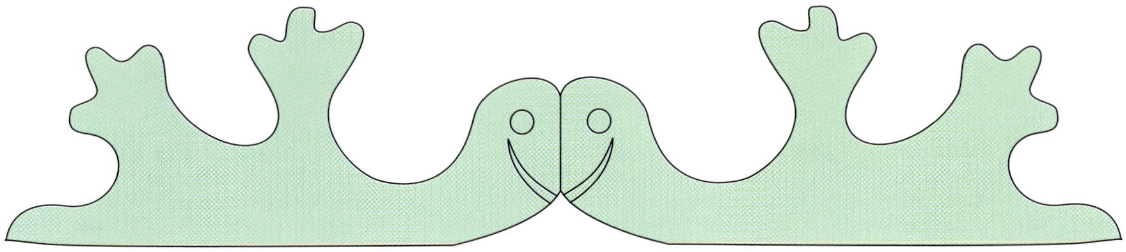

1.- Primeramente copiamos el dibujo del cuerpo de la tortuga tal y como aquí aparece. Luego lo recortamos.

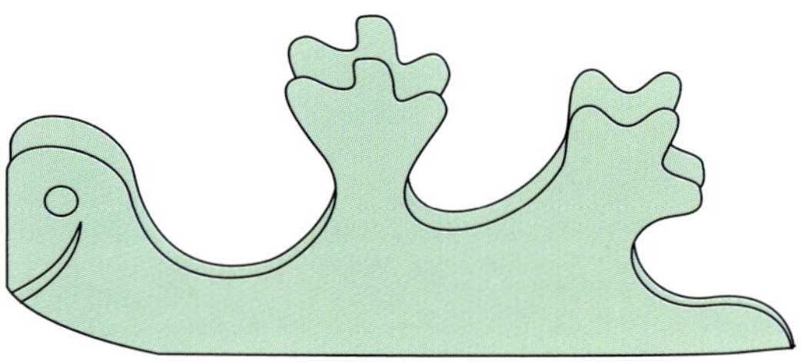

2.- Doblamos el cuerpo por el centro, por la cabeza.

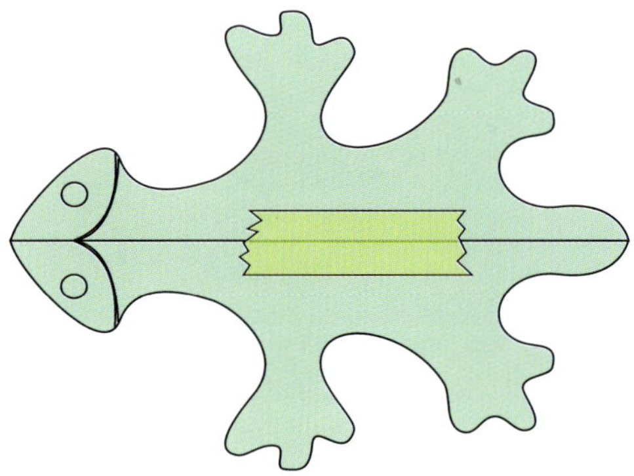

3.- Lo abrimos y unimos ambas partes con cinta adhesiva.

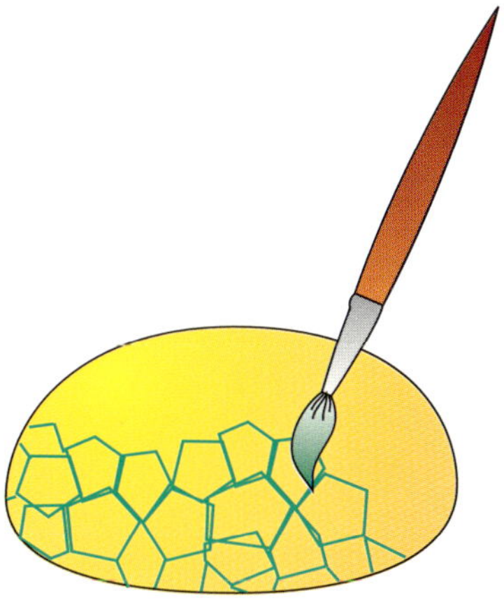

4.- Pintamos una cáscara de nuez como muestra el dibujo.

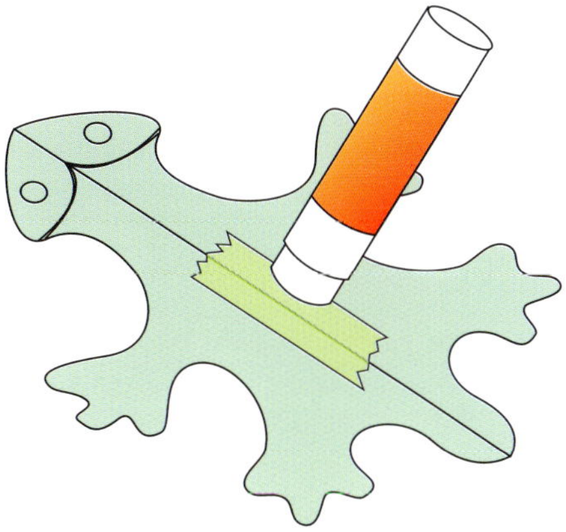

5.- Finalmente pegamos el caparazón al cuerpo.

Payaso

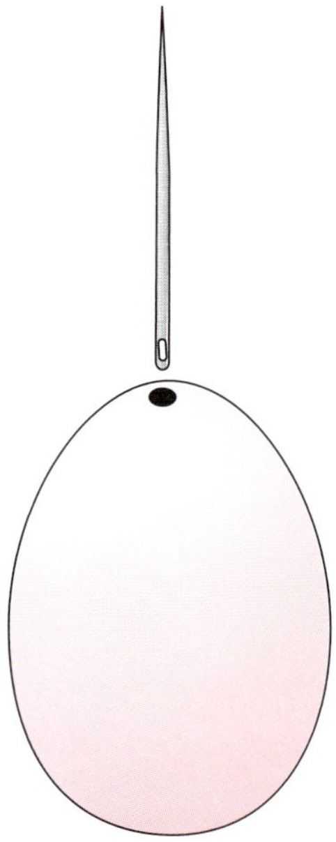

1.- Para vaciar un huevo se hace un agujero arriba y otro mayor en el extremo opuesto.

2.- En el agujero pequeño metemos varias hebras de lana.

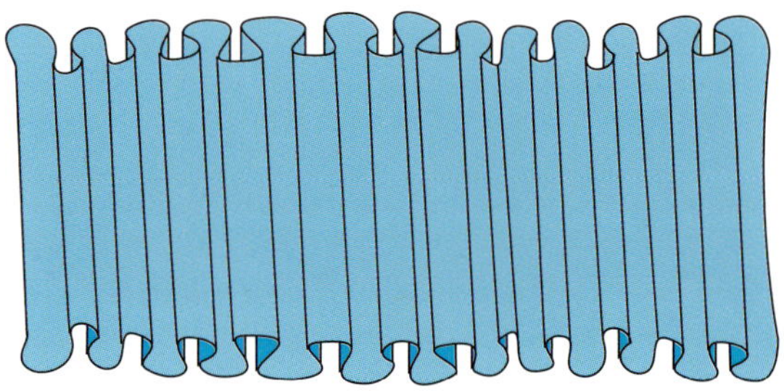

3.- Fruncimos una tira de papel crespón de un color vivo.

4.- La introducimos con cuidado en el otro extremo del huevo.

5.- Colocamos el cuello del payaso y pintamos los rasgos de la cara.

6.- Hacemos otro payaso cambiándole la expresión.

Joyero

1.- Necesitamos una caja mediana, pastas, sémola y arroz.

2.- Esta disposición es sólo una sugerencia, atrévete a crear otras.

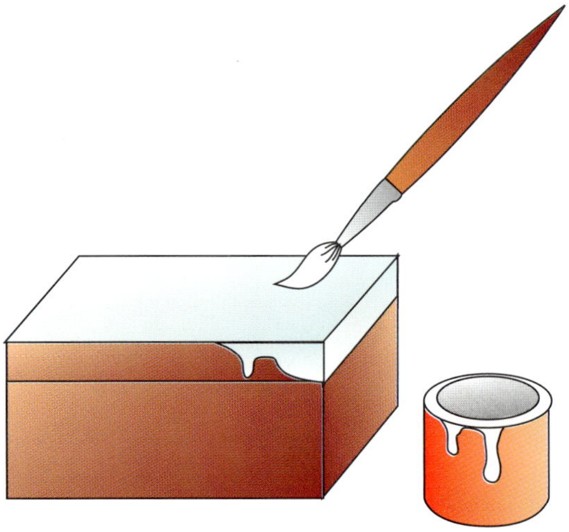

3.- Primeramente pintamos la caja de blanco.

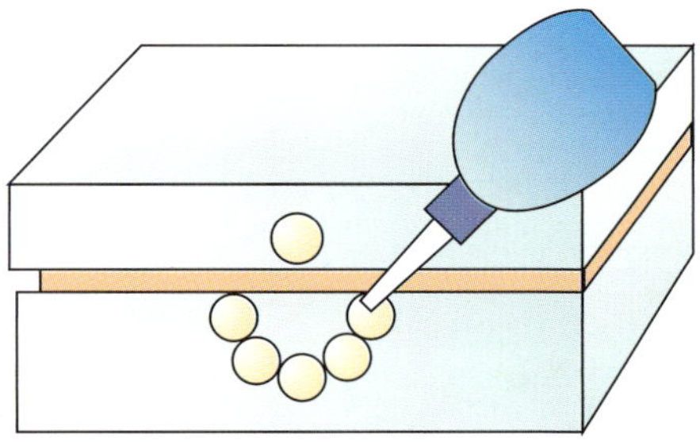

4.- Cuando se haya secado, damos una capa de cola blanca.

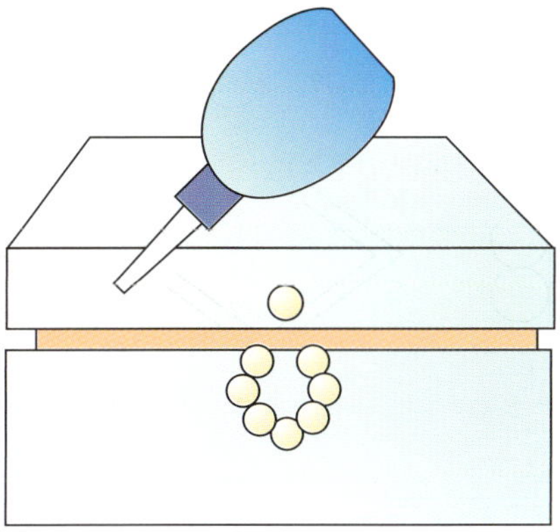

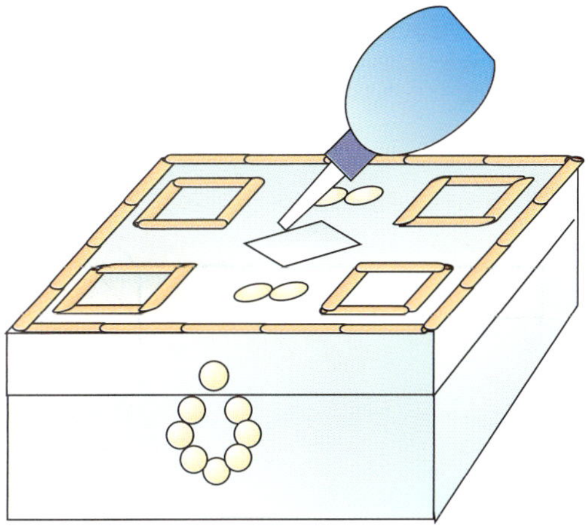

5.- Pegamos estrellitas de pasta en los laterales.

6.- Decoramos la tapa y, para terminar, barnizamos la caja.

Joyero con foto

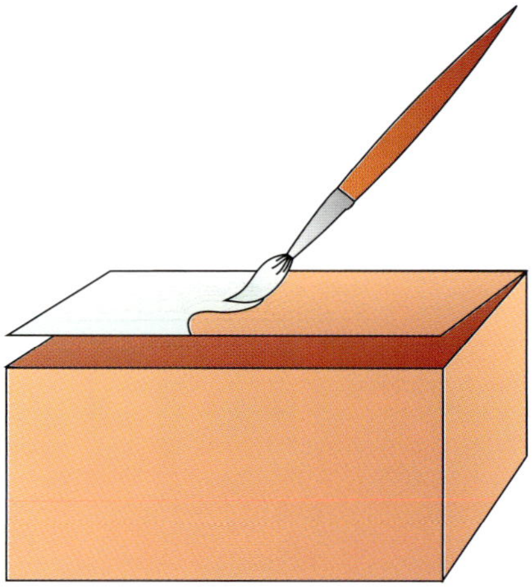

1.- Escogemos una caja de cartón mediana y la pintamos de blanco.

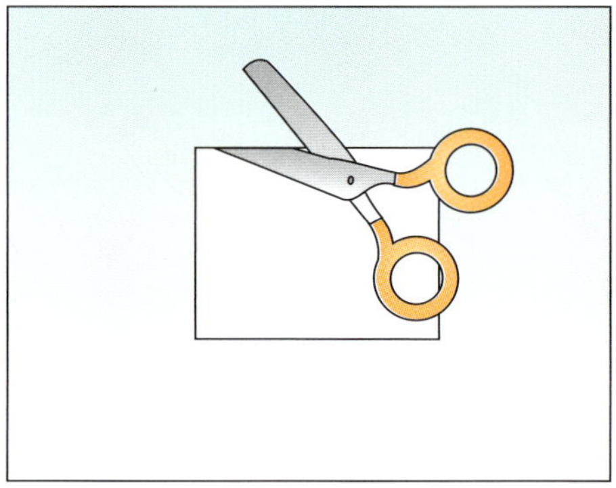

2.- En una cartulina como la tapa recortamos un recuadro central.

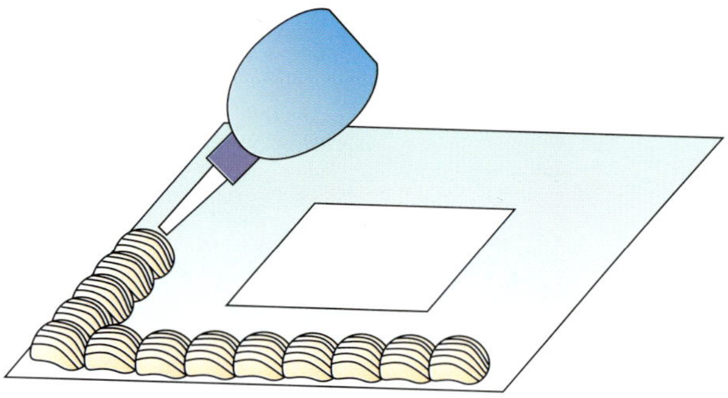

3.- Con cola blanca pegamos sobre ella la pasta.

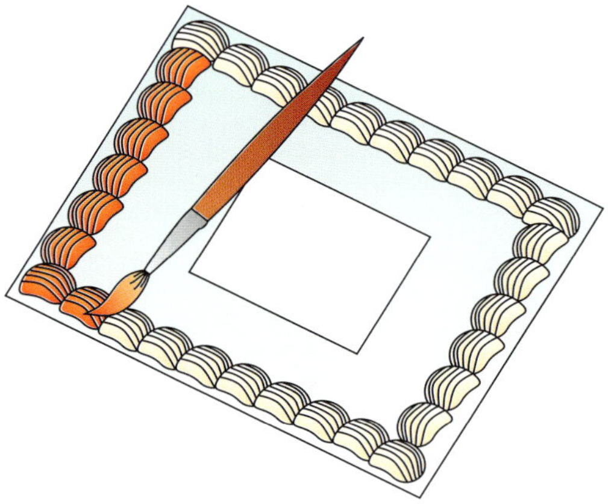

4.- Luego la pintamos de color naranja.

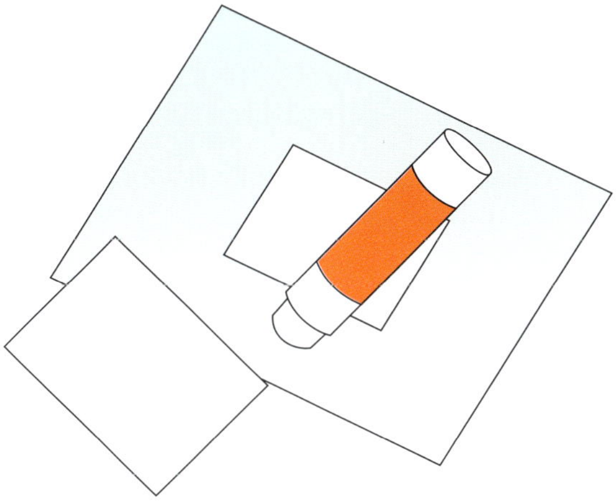

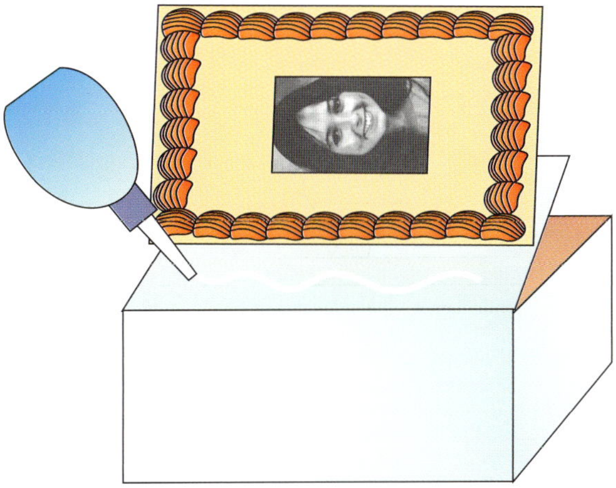

5.- Pegamos la foto por detrás de la cartulina.

6.- Ya seca se pega a la tapa. También puede ser un marco.

Marco de pasta

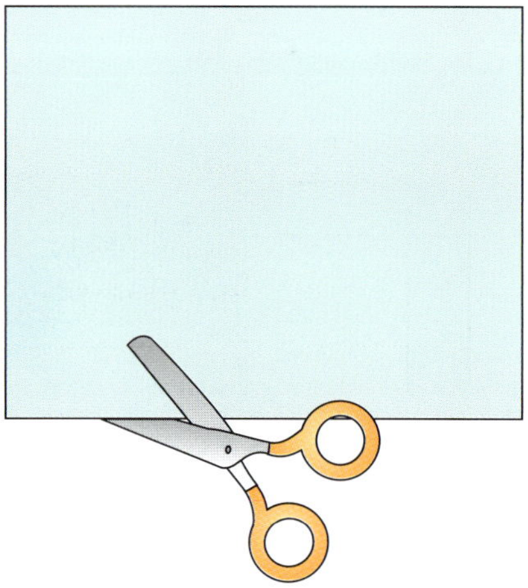

1.- Cortamos un cartón grueso o una madera de 25x20 cm.

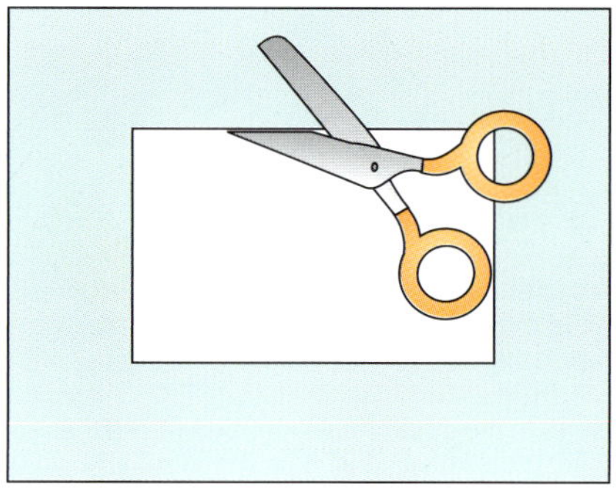

2.- En el centro recortamos un rectángulo de 15x10 cm.

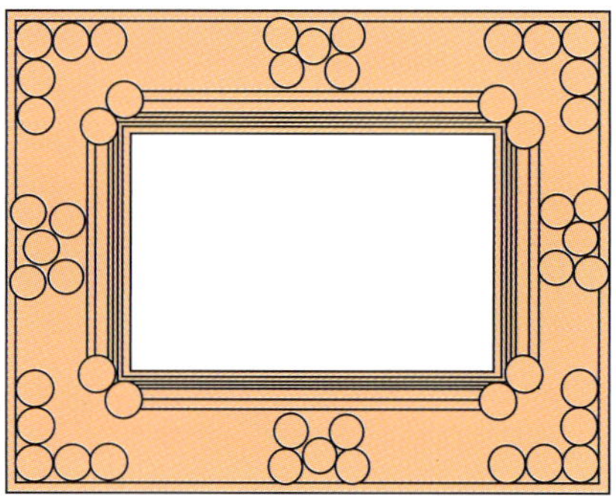

3.- Elegimos la disposición de la decoración.

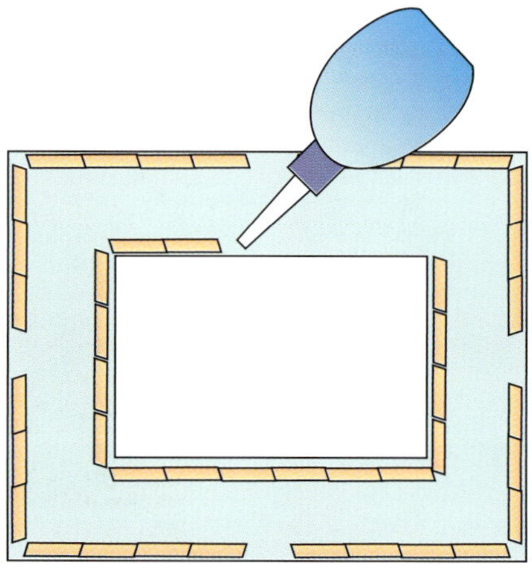

4.- Con cola blanca vamos pegando la pasta.

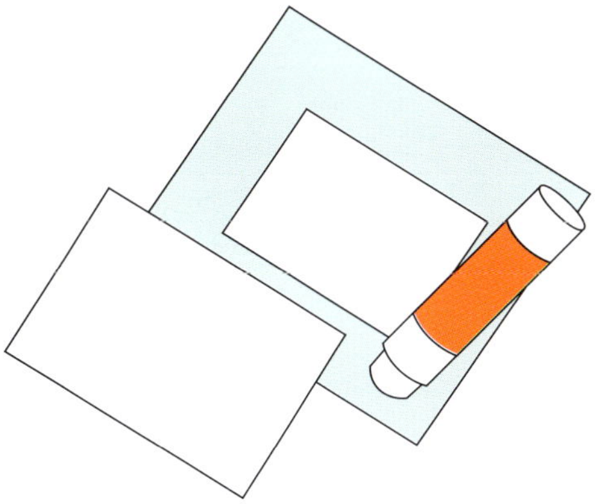

5.- Pegamos la fotografía por detrás.

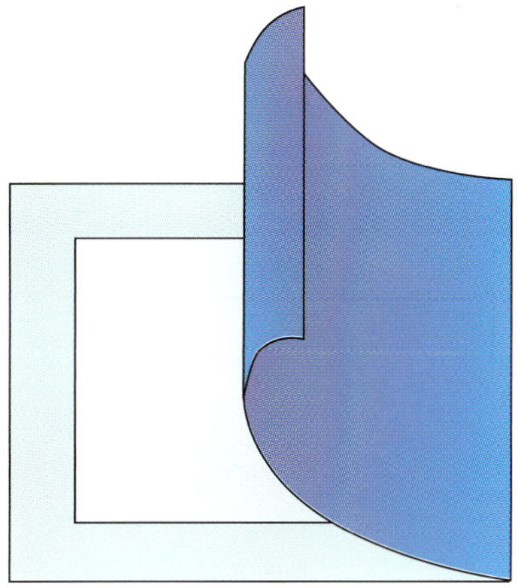

6.- Cortamos fieltro adhesivo de 25x20 cm y lo pegamos detrás.

Marco para espejo

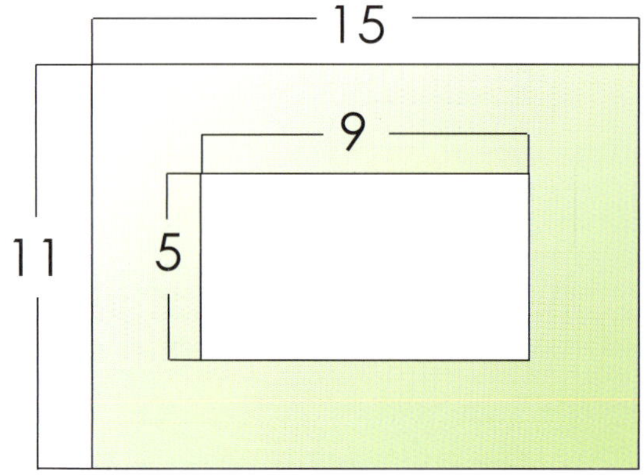

1.- Cortamos un rectángulo de cartón de esta medida (en cm) con un recuadro para el espejo.

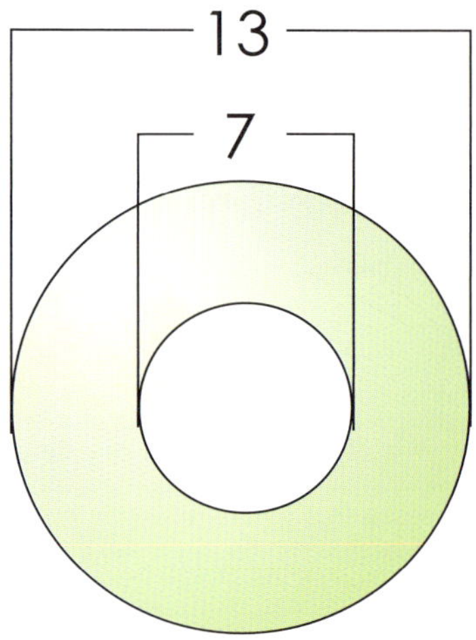

2.- Para hacer el marco redondo recortamos como indica el dibujo y con esta medida (en cm).

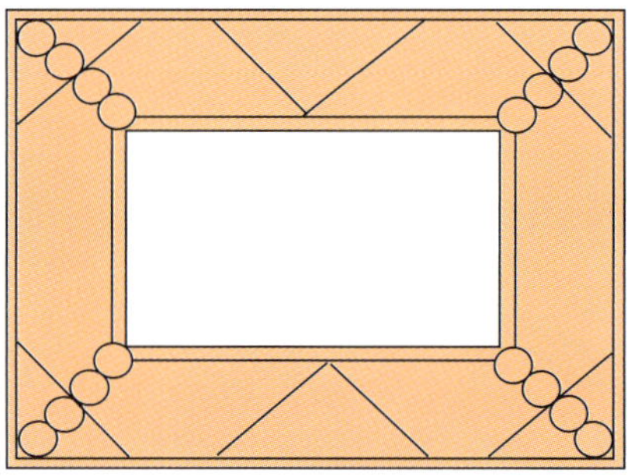

3.- Sugerimos esta decoración para el marco rectangular. Prueba a crear tus propias composiciones.

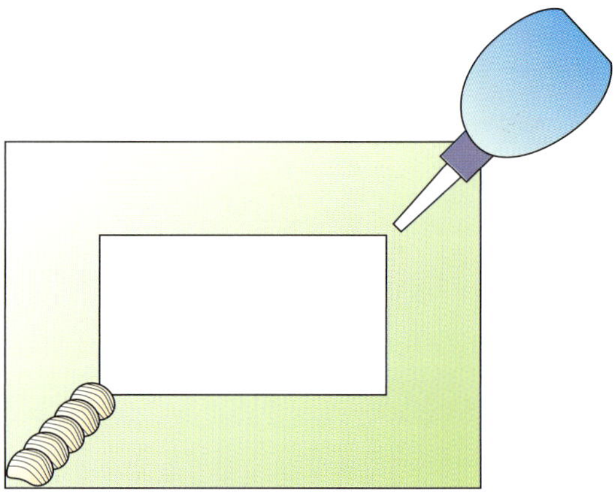

4.- Con cola blanca vamos pegando la pasta siguiendo el dibujo.

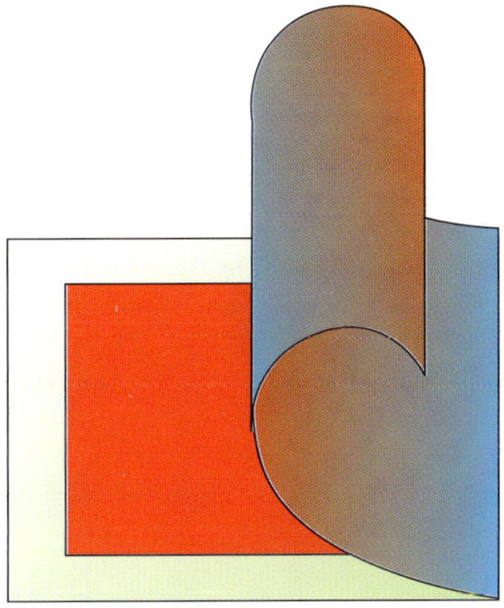

5.- Cuando esté bien seco pegamos por detrás del marco el espejo.

6.- Recortamos fieltro adhesivo del mismo tamaño que el marco, para pegar por detrás.

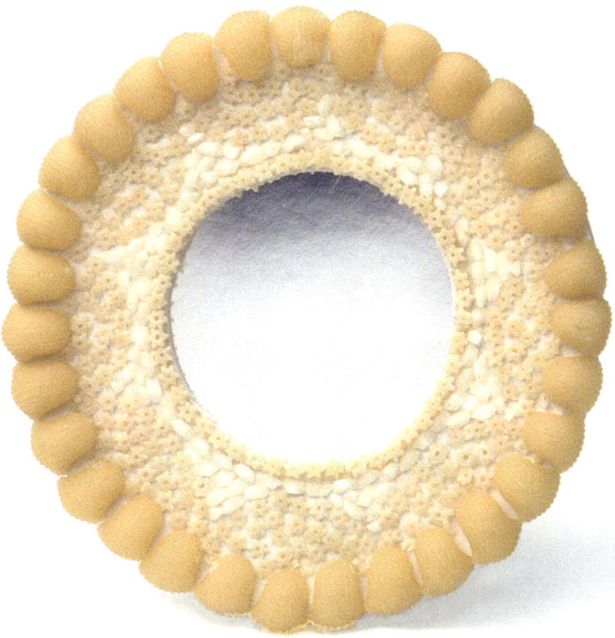

Terraza

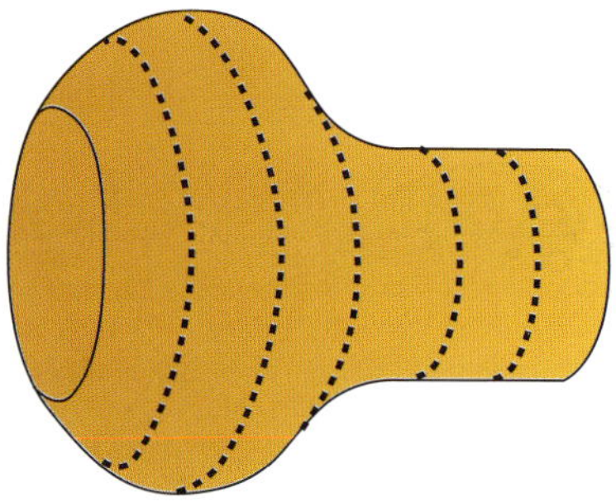

1.- Cortamos un tapón de corcho en rodajas como muestra el dibujo.

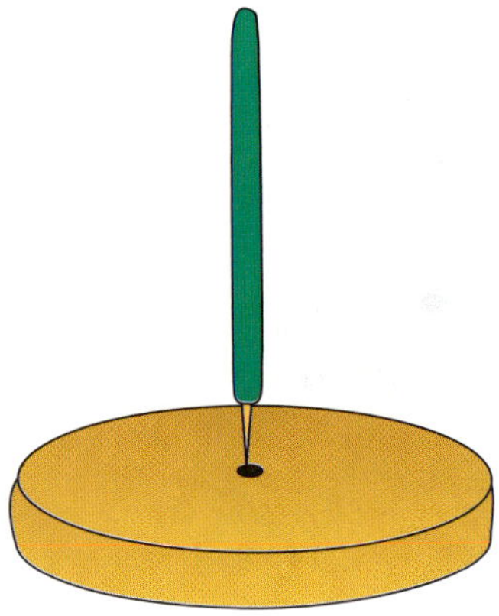

2.- Con un punzón hacemos un agujero en el centro de los corchos más grandes.

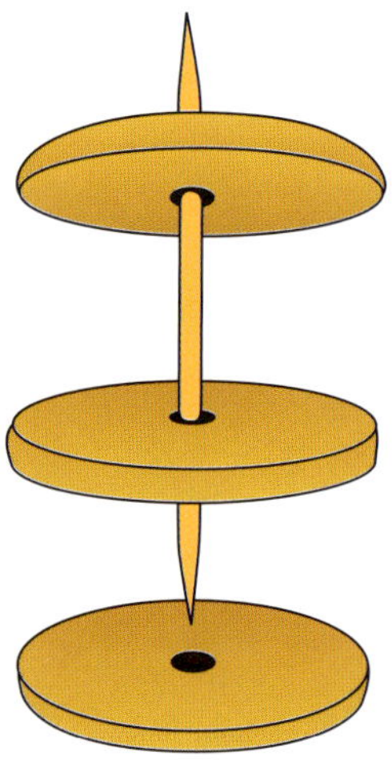

3.- Clavamos un palillo redondo atravesando tres rodajas por el centro.

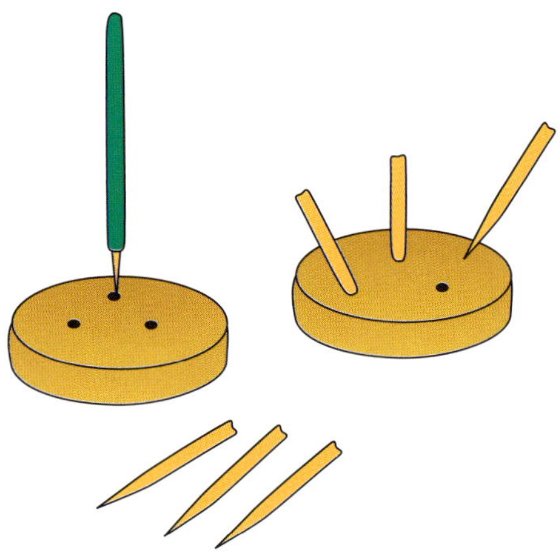

4.- En las rodajas pequeñas hacemos tres agujeros para clavar las patas de las banquetas.

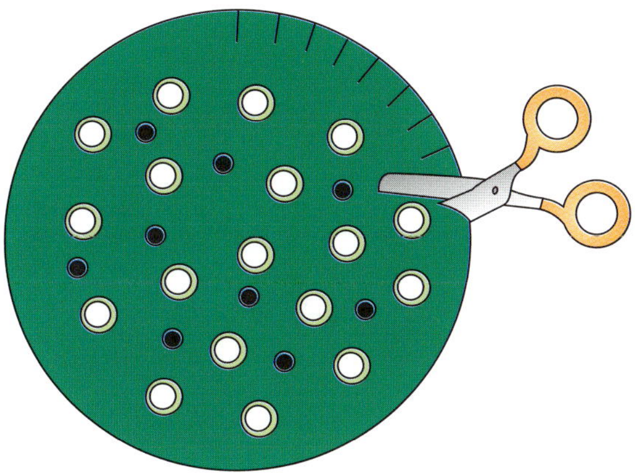

5.- Recortamos un círculo de tela, cortamos los flecos y lo pegamos de sombrilla.

6.- Recortamos tres círculos de tela del tamaño de las banquetas y los pegamos encima.

Muebles

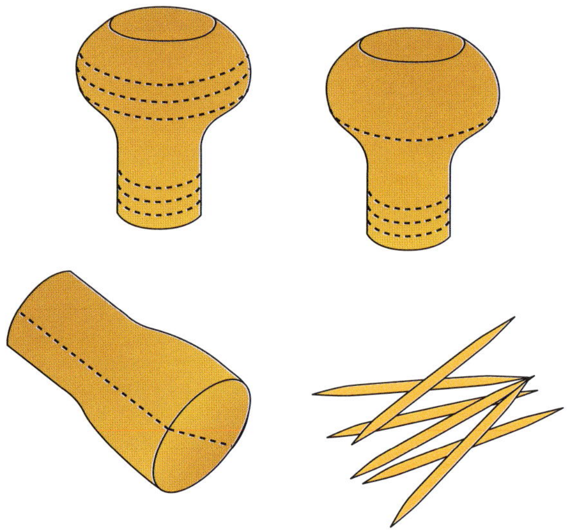

1.- Cortamos tapones de corcho por donde indican las líneas de puntos.

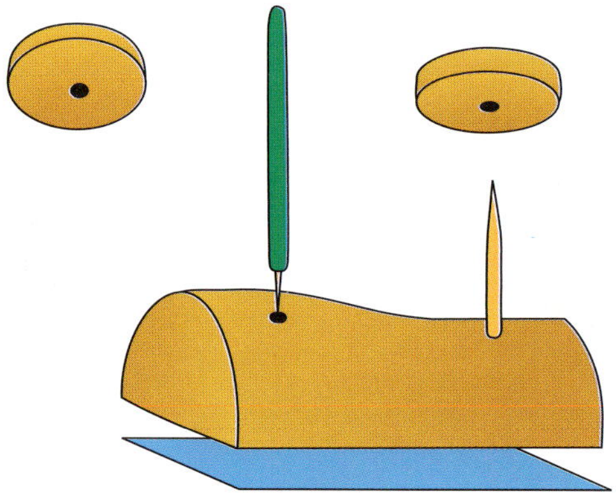

2.- Mesa: hacemos dos agujeros, metemos dos palillos y clavamos las rodajas en ellos.

3.- Silla: cortamos los palillos en trozos pequeños y los clavamos en los agujeros.

4.- Recortamos unos círculos de tela del tamaño del corcho y los pegamos.

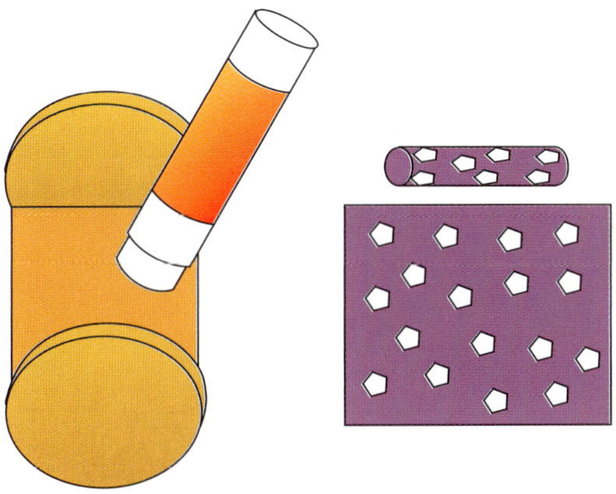

5.- Cama: unimos las dos rodajas mayores a los extremos del otro medio corcho.

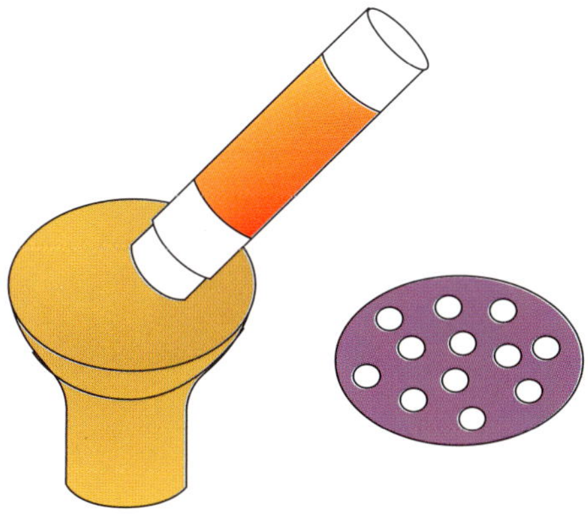

6.- Mesilla: cortamos dos círculos de tela del mismo tamaño que el corcho y lo pegamos encima.

Bailarina

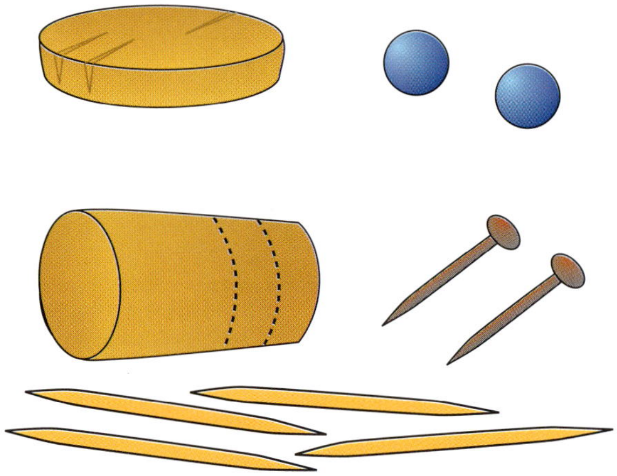

1.- Cortamos el corcho en rodajas por donde indican las líneas de puntos.

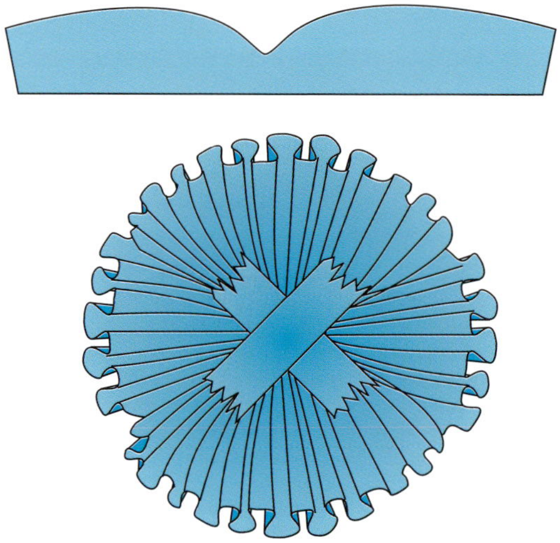

2.- Cortamos una tira pequeña de papel crespón para el cuerpo; otra más grande se frunce para falda.

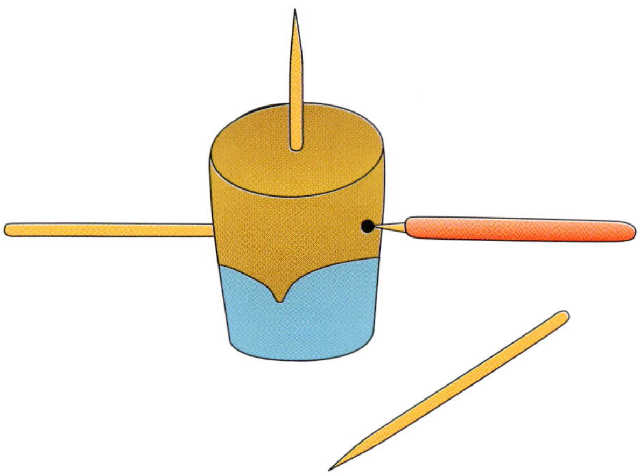

3.- Pegamos la tira pequeña al cuerpo. Con un punzón hacemos los agujeros para brazos y cuello.

4.- Hacemos una trenza de lana, la clavamos a la rodaja de corcho y pintamos la cara.

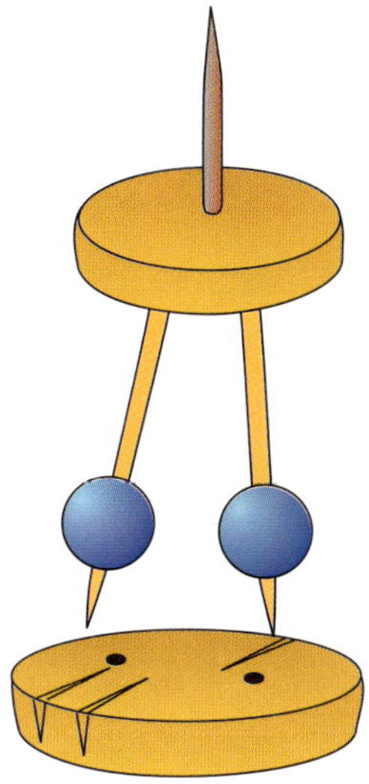

5.- Pegamos la falda al cuerpo con cuidado de no aplastar los pliegues.

6.- En el corcho más grande clavamos las piernas y con una púa unimos la rodaja al cuerpo.

Orquesta

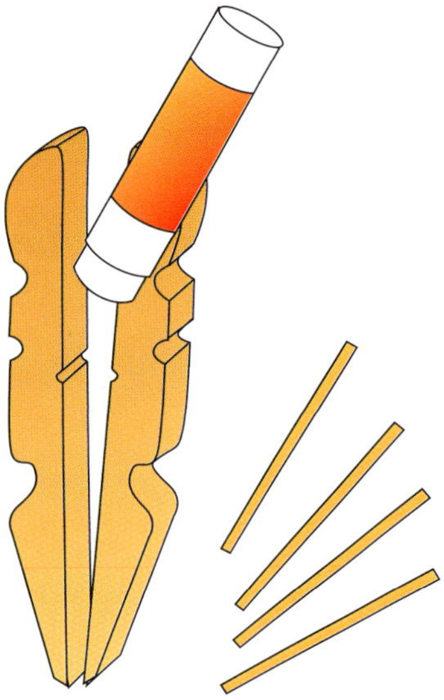

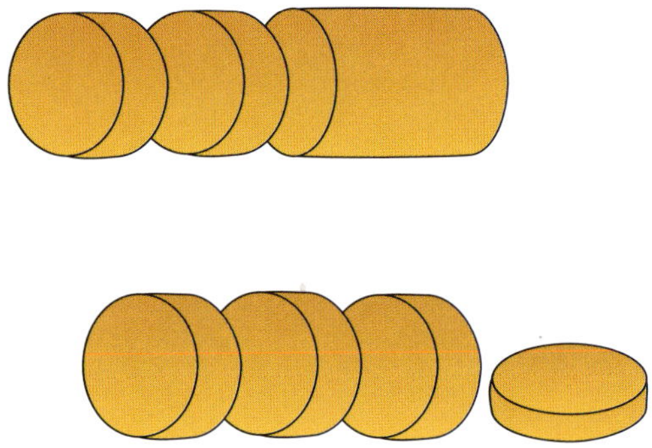

1.- Se necesitan tres pinzas de la ropa de madera y ocho cerillas sin cabeza.

2.- Cortamos rodajas de dos tapones de corcho como indica el dibujo.

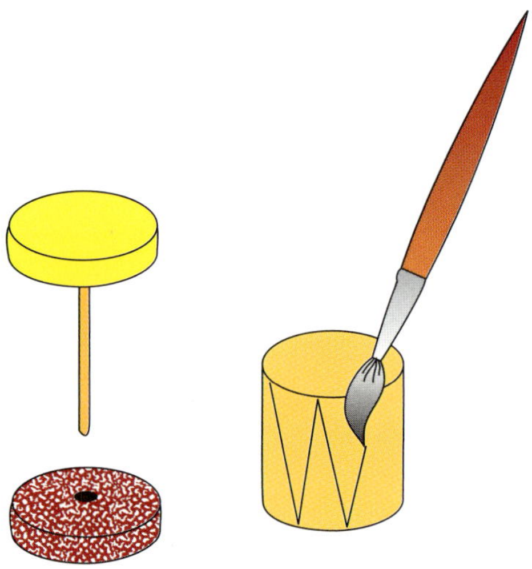

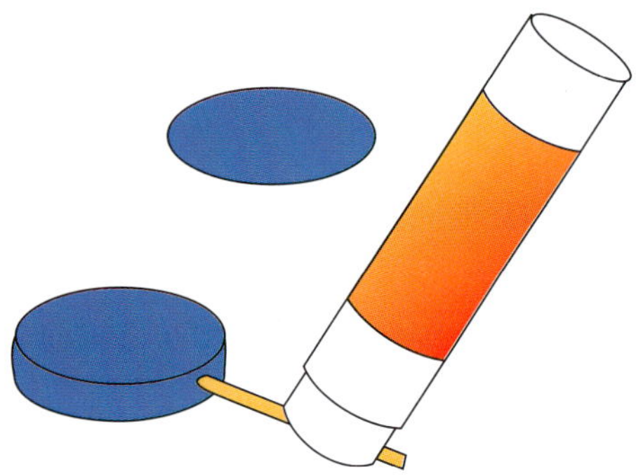

3.- Instrumentos: hacemos los tambores como indica el dibujo y luego los pintamos.

4.- Para hacer la guitarra recortamos un círculo de cartulina y otro de corcho.

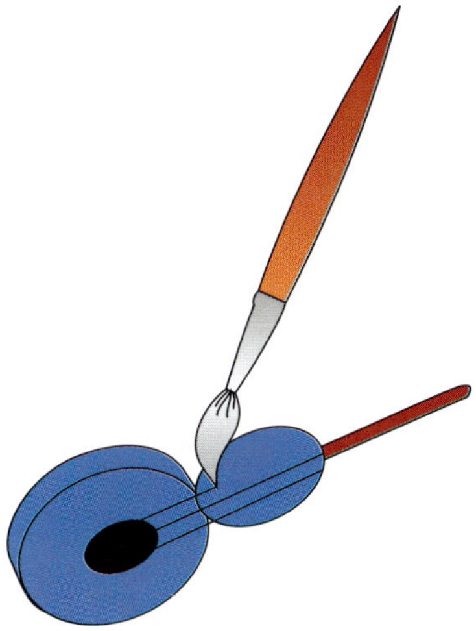

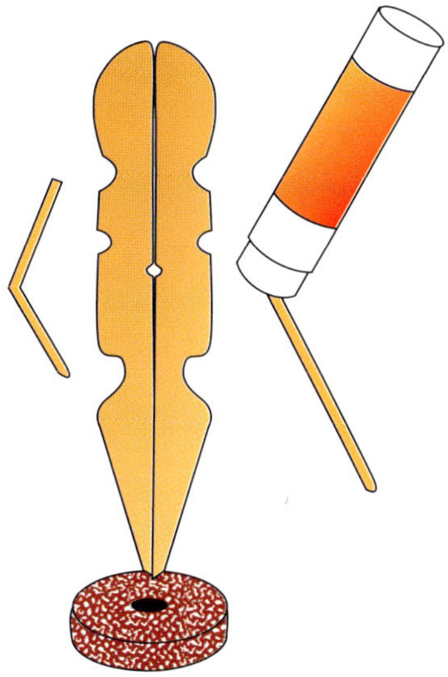

5.- Pegamos los círculos a una cerilla y pintamos los detalles de la guitarra.

6.- El cuerpo lo forman las dos piezas de la pinza. Los brazos serán las cerillas dobladas.

Avión

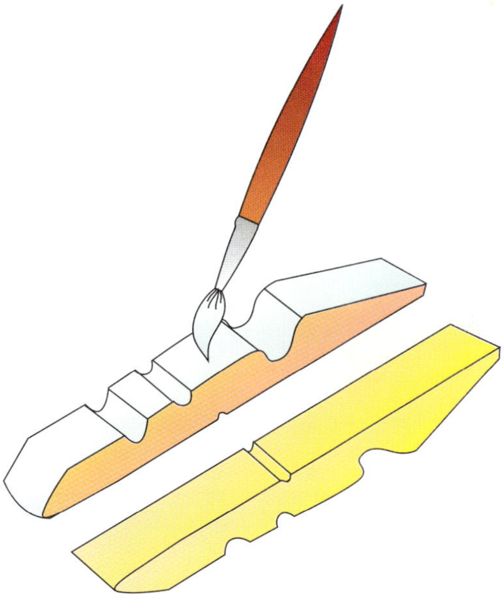

1.- Desmontamos una pinza de la ropa de madera y la pintamos de blanco.

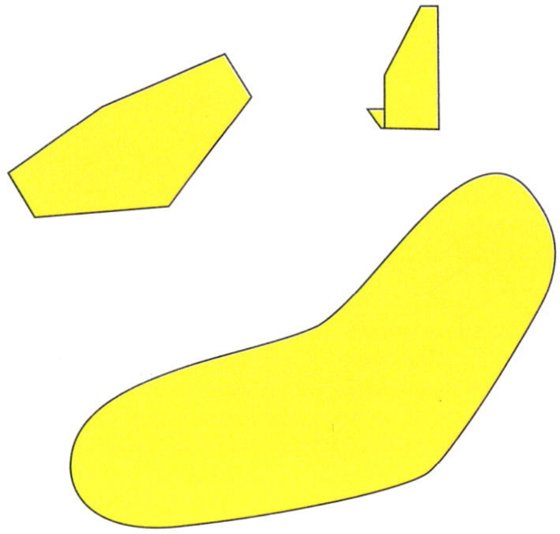

2.- Copiamos y recortamos en cartulina amarilla las piezas del avión.

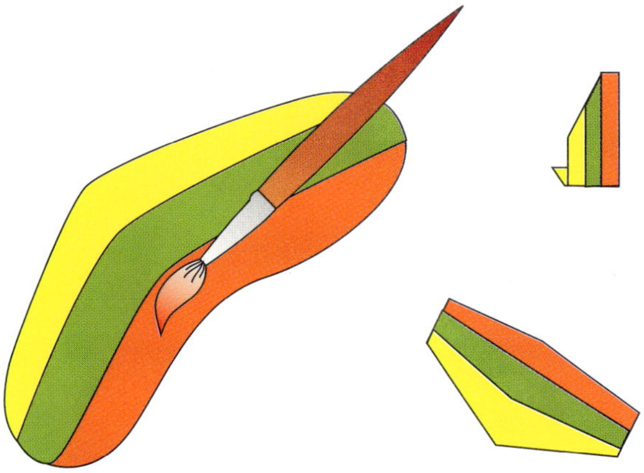

3.- Como en el dibujo, decoramos las tres piezas con bandas de colores vivos.

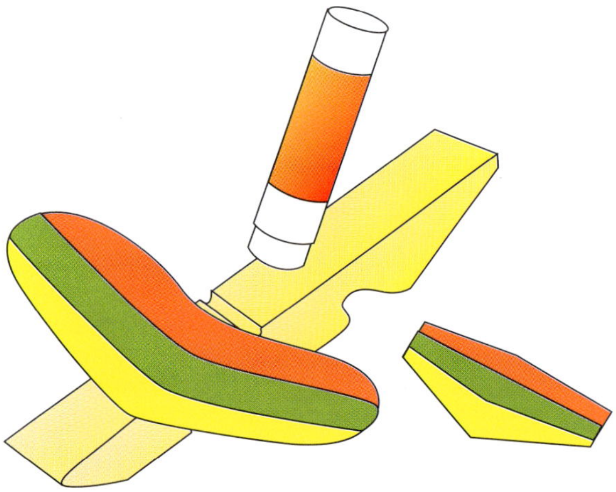

4.- Pegamos las alas delanteras y traseras a la pinza, como muestra el dibujo.

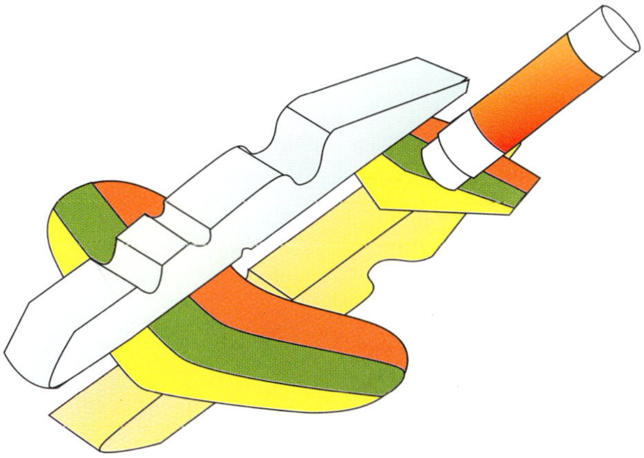

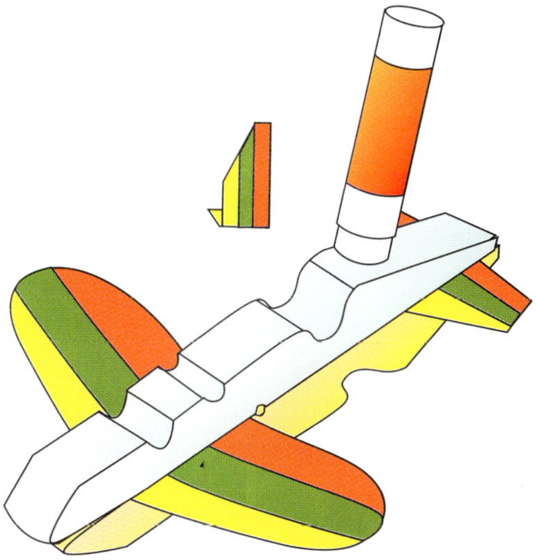

5.- Damos pegamento encima de las alas y a lo largo de la pinza, y unimos las piezas.

6.- Pintamos los detalles del avión y, por último, pegamos encima la cola.

Mariposa

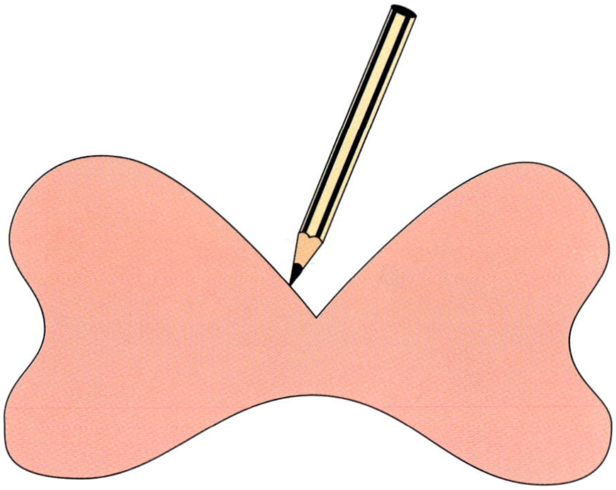

1.- Dibujamos las alas superiores como muestra el dibujo y luego las recortamos.

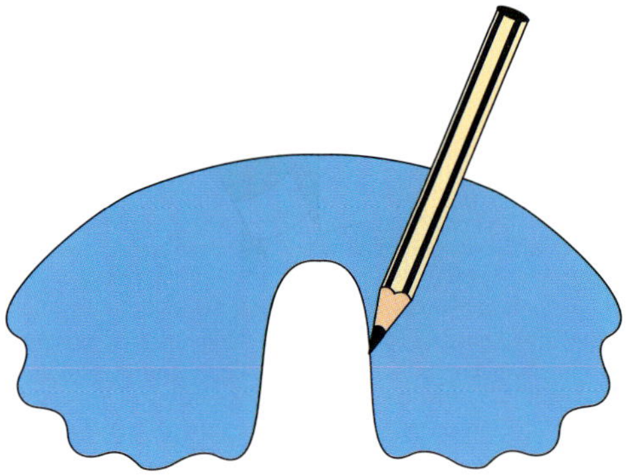

2.- Seguimos el mismo procedimiento con la alas inferiores.

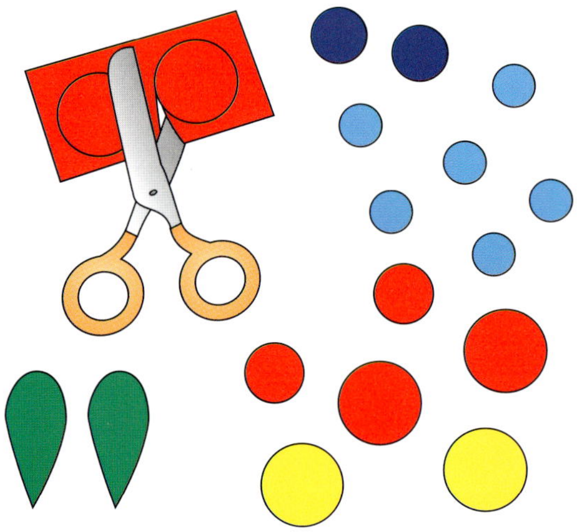

3.- Recortamos círculos y lágrimas de colores para adornar luego las alas.

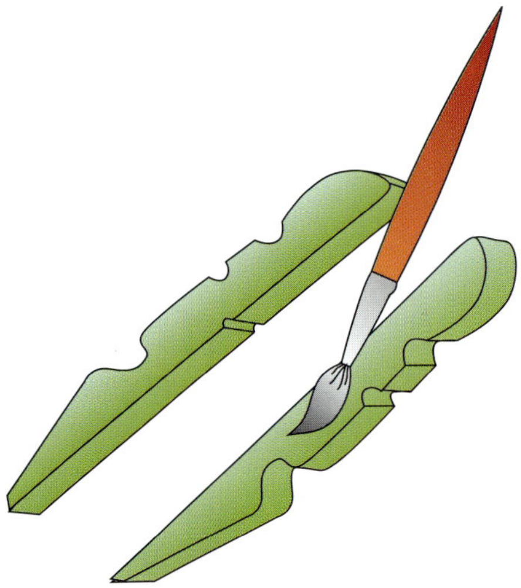

4.- Desmontamos una pinza de la ropa de madera y la pintamos de color verde.

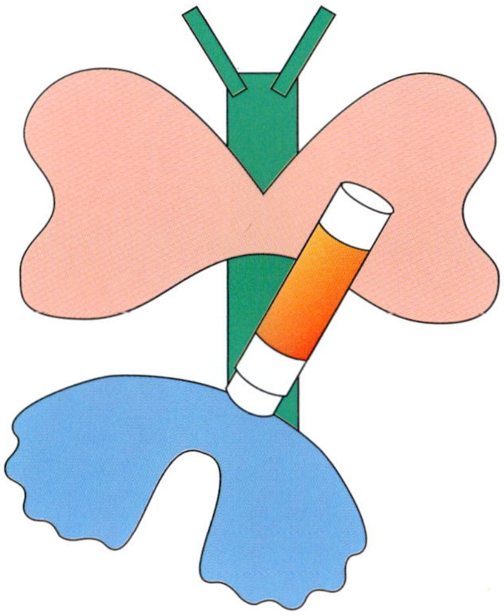

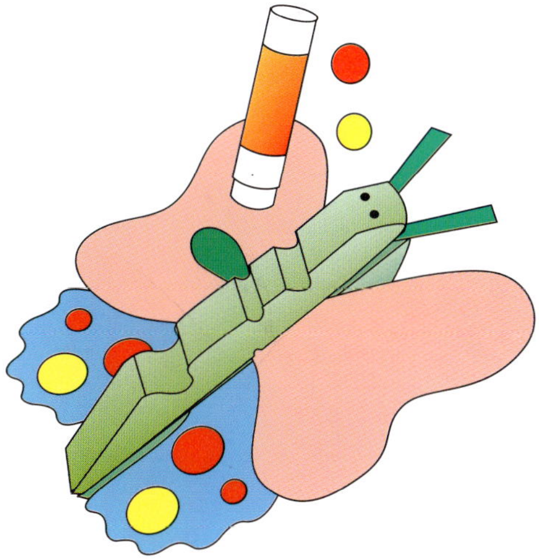

5.- Pegamos las alas y antenas sobre media pinza y luego pegamos encima la otra media.

6.- Finalmente pegamos los adornos de las alas y pintamos los ojos.

Tres en raya 1

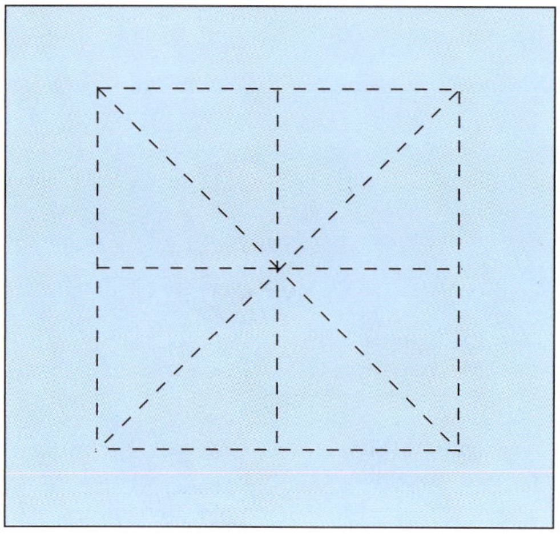

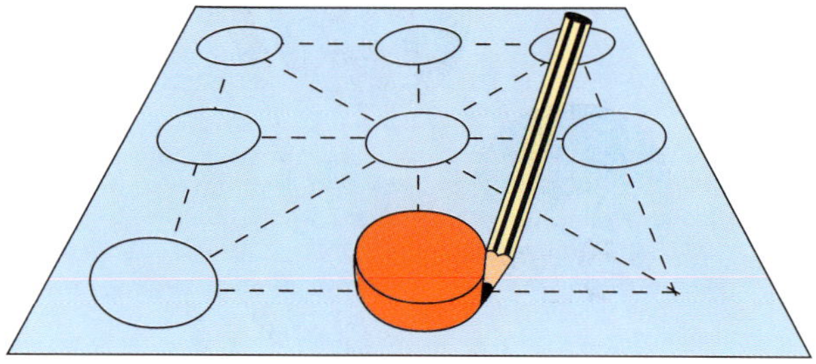

1.- En una cartulina o cartón de 18x18 cm dibuja líneas que se cortan, como muestra el dibujo.

2.- Bordeando un tapón dibujamos a lápiz nueve círculos grandes.

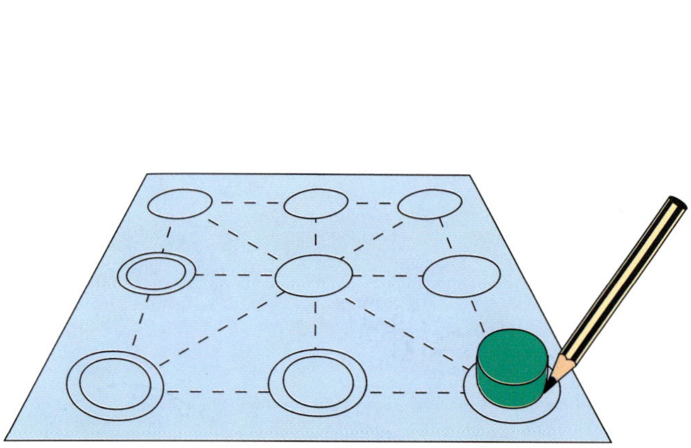

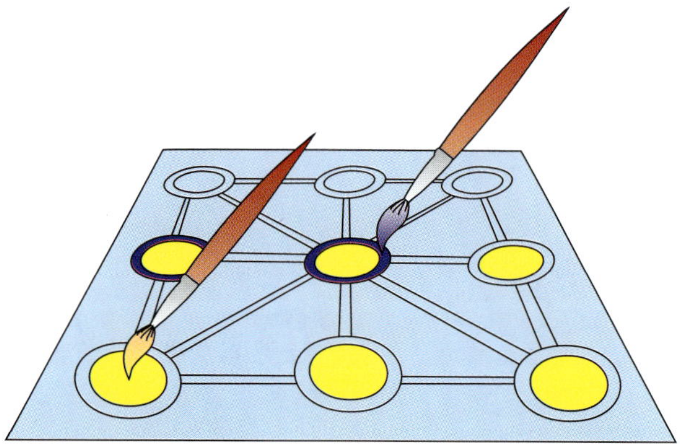

3.- Con un tapón más pequeño dibujamos círculos dentro de los anteriores.

4.- Completamos la decoración del tablero como se ve aquí y lo coloreamos.

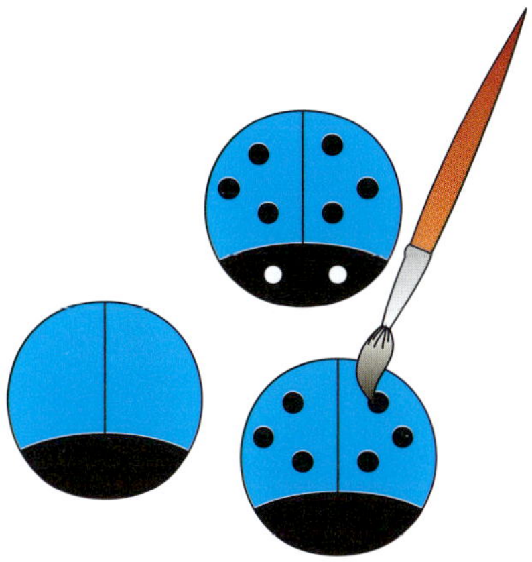

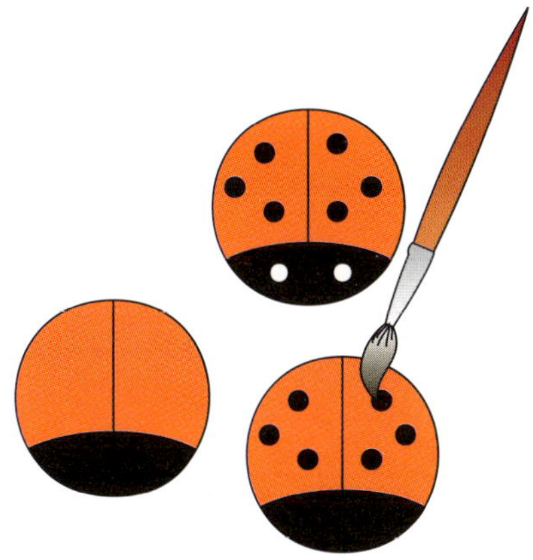

5.- Las fichas serán 6 tapones iguales. Pintamos tres mariquitas azules sobre tres tapones...

6.-... Y tres mariquitas rojas sobre los otros tres tapones.
¡Y a jugar!

Tres en raya 2

1.- En una cartulina cuadrada de 21x21 cm dibujamos las líneas según muestra el dibujo.

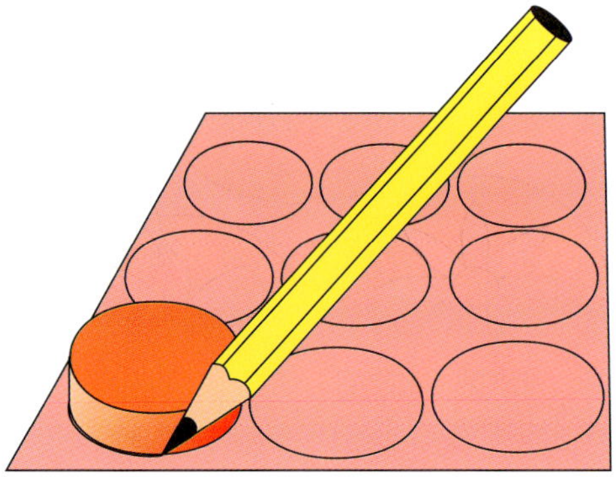

2.- Usamos de medida un tapón y dibujamos nueve círculos en una cartulina.

3.- A continuación recortamos tiras muy finas de cartulina en un color que contraste.

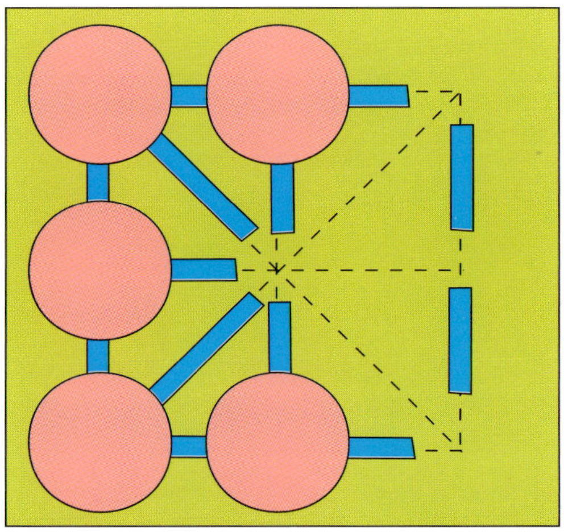

4.- Pegamos en el tablero primeramente las tiras azules y después los círculos.

5.- Hacemos las fichas con seis tapones iguales. Pintamos tres con los mismos adornos.

6.- Y con adornos distintos las tres fichas del otro equipo. En este caso pintamos flores.